Charles Delhez / Erwin Roosen

Wo wohnt Gott?
... und 99 weitere Fragen zum Glauben

Mit Illustrationen
von Klaas Verplancke
und
Florence Vandermarlière

Aus dem Niederländischen
von Karl Georg Cadenbach

Butzon & Bercker

Bibliografische Information der Deutschen Nationalbibliothek

Die Deutsche Nationalbibliothek verzeichnet diese Publikation in der Deutschen Nationalbibliografie; detaillierte bibliografische Daten sind im Internet über http://dnb.d-nb.de abrufbar.

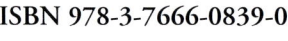

Das Gesamtprogramm von Butzon & Bercker finden Sie im Internet unter www.bube.de

ISBN 978-3-7666-0839-0
11. Auflage 2024
Deutsche Ausgabe © 2007 Butzon & Bercker GmbH, Hoogeweg 100,
47623 Kevelaer, Deutschland, www.bube.de
Französische Ausgabe © 2004 Verlag Altiora Averbode / Belgien;
Fleurus, Fidélité / Frankreich
Niederländische Ausgabe © 2004 Verlag Altiora Averbode / Belgien
Alle Rechte vorbehalten.
Übersetzung ins Deutsche: Karl Georg Cadenbach
Gestaltung: Christine Van Beers
Illustrationen: Klaas Verplancke und Florence Vandermarlière

Autoren

Französische Ausgabe:
Charles Delhez, Jesuit in Frankreich, Verlagsdirektor und Chefredakteur einer Bistumszeitung, Mitbegründer einer christlichen Jugendzeitschrift

Niederländische Ausgabe:
Erwin Roosen, geboren in Opglabeek/Belgien, Priester und Pastoraltheologe mit dem Schwerpunkt Jugendpastoral, tätig in der Lehrerausbildung

Illustratoren

Cartoons
Klaas Verplancke, studierte Werbung, Fotografie und Grafik in Gent/Belgien, selbstständiger Illustrator, verschiedene Auszeichnungen

Titelbild und Illustrationen
Florence Vandermarlière, Grafikerin und Illustratorin, tätig in einem Atelier in Lyon/Frankreich, zwei Töchter

Liebes Mädchen, lieber Junge!

Kennst du das auch? Dass deine Lehrerin oder dein Lehrer in der Schule über Jesus redet und dass du nicht wirklich verstehst, was sie oder er da sagt? Oder dass der Priester in der Kirche eine schöne Geschichte über den Himmel vorliest und du keine Ahnung hast, worum es geht? Dann ist dieses Buch was für dich! Aus vielen hundert Fragen von Kindern zwischen acht und vierzehn Jahren haben wir hundert ausgewählt. Dann haben wir versucht, sie kurz und klar zu beantworten. Vielleicht erkennst du dich ja in der Frage von Maike wieder, die wissen wollte, warum Gott nichts gegen das Leid in der Welt tut. Oder in der von Simon, der wissen wollte, was nach dem Tod mit uns passiert.

Findet man in diesem Buch Antworten auf alle Fragen über Gott und den Glauben? Nein. Aber das ist auch nicht so wichtig. Viel wichtiger ist es, dass du als junger Mensch Gelegenheit hast, auf deine eigene Art und Weise in der Freundschaft zu Gott zu wachsen.

Hoffentlich lädt das Buch dich ein, weitere Schritte auf dem Weg des Glaubens zu machen. Wir haben es jedenfalls mit viel Begeisterung geschrieben!

Charles Delhez
Erwin Roosen

Glaube

Warum glaubt nicht jeder an Gott? 12
Was ist Glauben eigentlich? 13
Ist Glauben eine Pflicht? 14
Was ist der Unterschied zwischen
   Glaube und Aberglaube? 16
Muss man die Bibel wörtlich nehmen? 18
Bin ich jetzt Christ oder Katholik? 20
Wann sind die anderen christlichen
   Kirchen entstanden? 21
Warum gibt es so viele
   verschiedene Religionen? 23
Wäre ich auch Christ,
   wenn ich in Indien geboren wäre? 24
Wer sind die Zeugen Jehovas? 25
Was ist eine Sekte? 26
Kann man sich Christ nennen
   und gleichzeitig Rassist sein? 27

Gott

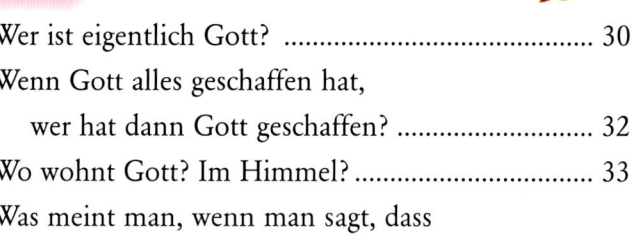

Wer ist eigentlich Gott? 30
Wenn Gott alles geschaffen hat,
   wer hat dann Gott geschaffen? 32
Wo wohnt Gott? Im Himmel? 33
Was meint man, wenn man sagt, dass
   Gott Vater, Sohn und Heiliger Geist ist? 34
Warum sagt man nicht „Mutter" zu Gott? 35

Schöpfung

Wie ist die Welt entstanden?
   In sieben Tagen? 38
Stammt der Mensch von Adam oder
   vom Affen ab? 39
Warum hat Gott den Menschen geschaffen? 40
Bin ich auch „als Gottes Abbild" geschaffen? 41

alt

Jesus

Hat Jesus wirklich gelebt? 44
Ist Jesus wirklich am 25. Dezember geboren? 45
Wer war der Vater von Jesus? Gott oder Josef? 46
Was wissen wir über Jesus als Kind? 47
Die „Frohe Botschaft" – was ist das eigentlich? 48
Wie muss ich mir Jesus vorstellen? 49
War Jesus verheiratet? 50
Warum nannte Jesus Simon auf einmal Petrus? 51
Warum hat Jesus zwölf Apostel ausgewählt? 52
Waren Petrus, Jakobus und Johannes
 „bevorzugte" Jünger? 54
Warum hat Gott keine Frau in die Welt gesandt? 55
Ein Gleichnis – was ist das? 57
Sind die Wundergeschichten von
 Jesus wirklich passiert? 58
Stimmt es, dass Jesus reiche Leute
 nicht leiden konnte? 59

Warum wurde Jesus gekreuzigt? 61
Wusste Jesus vorher, dass Judas
 ihn verraten würde? 62
Warum verteidigte Jesus sich nicht,
 als man ihn kreuzigen wollte? 63
Was meint man, wenn man sagt,
 dass Jesus der Erlöser ist? 65
Jesus war Jude. Warum sind wir dann Christen? 66
Wie kann Jesus mein Freund sein?
 Ich sehe ihn doch gar nicht! 67
Was war so besonders an der Liebe Jesu? 68
Warum ist Jesus noch nicht
 auf die Erde zurückgekehrt? 69

Auferstehung

Ist Jesus wirklich auferstanden? 72
Können wir auch auferstehen? 73
Warum ist Jesus erst nach
   drei Tagen auferstanden? 74
Warum ist Jesus nach der Auferstehung
   nicht allen erschienen? 75
Was feiern wir an Christi Himmelfahrt
   und Pfingsten? 76
Ist Jesus wirklich „in den Himmel aufgefahren"? 77
Was bedeutet die Osterkerze? 79

Jenseits

Was ist eigentlich der Tod? 82
Warum leben wir? 84
Gibt es so etwas wie das ewige Leben? 85
Was ist die Seele? 86
Wie muss ich mir den Himmel vorstellen? 87
Leben alle Menschen, die gestorben sind,
   im Himmel? 88
Was ist das – „auferstehen"? Und kann man
   sich den Himmel verdienen? 90
Was passiert nach dem Tod mit uns? 91
Dürfen Nichtchristen auch in den Himmel? 92

Gibt es die Hölle? Und das Fegefeuer? 94
Wie ging Jesus mit Sündern um? 96
Verzeiht Gott denen, die Menschen töten? 98
Haben wir mehr als ein Leben? 99

Die Kirche

Was ist der Unterschied zwischen „einer Kirche"
   und „der Kirche"? 102
Was ist so besonders an einem Priester? 103
Was ist eigentlich Berufung? 104
Warum dürfen Priester nicht heiraten? 106
Warum trägt der Priester manchmal
   so einen komischen Schal? 107
Wer ist der Chef der Kirche? 109
Was ist ein Sakrament? 111
Was bedeutet die Taufe? 113
Warum wurde Jesus als Erwachsener getauft? 114
Warum bekommen kleine Kinder
   in der Messe keine Hostie? 115
Was bedeutet die Firmung? 116
Beichten – was ist das eigentlich? 119

Warum heiraten manche Leute standesamtlich,
   aber nicht kirchlich? 120
Warum gehen Christen vor allem
   am Sonntag in die Messe? 121
Was ist das Wichtigste an einer Messe? 122
Woher kommt das Wort Advent? 124
Was bedeutet der Aschermittwoch? 125
Was kann ich zur Vorbereitung auf Ostern tun? 126
Warum dauert die Fastenzeit vierzig Tage? 128
Warum brennt vorne in der Kirche
   immer ein rotes Licht? 129

Beten

Was ist Beten? 132
Warum antwortet Gott mir nicht,
   wenn ich bete? 133
Warum hat Gott meinen Opa nicht geheilt? 134
Warum stellt man in der Kirche Kerzen auf? 135
Wenn alle Menschen beten würden,
   wäre dann überall Frieden? 137
Wie kann ich heilig werden? 139

Das Böse

Wenn Gott die Liebe ist,
   warum gibt es dann so viel Leid? 142
Weiß Gott, dass es auch böse Menschen gibt? 143
Was ist eine Sünde? 144
Warum tut Gott nichts gegen
   das Böse in der Welt? 145
Wie kommt es, dass Menschen
   böse sein können? 146
Gibt es den Teufel wirklich? 148
Welche Rolle spielt die Schlange in der
   Geschichte von Adam und Eva? 149

Maria

Was ist nach dem Tod Jesu mit Maria passiert? 152
War Maria Jüdin? 153
Die Kirche sagt, dass Maria frei von Sünde ist.
   Stimmt das? 154
Ist Maria in Lourdes wirklich erschienen? 155

Sachregister *157*
Bildnachweise *160*

Warum glaubt nicht jeder an Gott?

Natürlich gibt es Menschen, die nicht an Gott glauben. Aber wie kommt das? Hat Gott sie vergessen? Oder haben sie nie jemanden getroffen, der an Gott glaubte und Zeugnis von seinem Glauben ablegte? Ich denke, es hat vor allem mit dem Letzteren zu tun. Denn wie kann man an Gott glauben, wenn man noch nie etwas von ihm gehört hat; wenn einem noch keiner erzählt hat, dass Gott ein Gott der Liebe ist?

Und doch gibt es Menschen, die anfangs an Gott geglaubt haben, ihn dann aber aus dem einen oder anderen Grund beiseitegeschoben haben. Zum Beispiel, weil sie Schwierigkeiten mit den vielen Glaubenskriegen hatten. Oder weil sie nicht bereit waren, ihr Leben durch Gott in Frage stellen zu lassen. Manchmal haben Menschen ihren Glauben an Gott auch verloren, weil ihnen viel Schlimmes passiert ist oder sie sich nicht erklären konnten, wo das Leid herkam, das sie erlebt haben.

Es ist also nicht ganz so einfach zu sagen, warum einige Menschen an Gott glauben und andere nicht. Es gibt welche, die nie die Chance bekommen haben. Aber es gibt auch andere, die sich erst später von ihm abgewandt haben. Letztlich ist jeder frei, zu glauben oder nicht zu glauben. Wofür entscheidest du dich?

Was ist Glauben eigentlich?

Glauben hat vor allem etwas mit Liebe zu tun: mit Gottes Liebe zu uns und mit unserer Liebe zu Gott. Dass Gott uns liebt, das wissen wir sicher. In Jesus hat er uns gezeigt, dass er uns immer liebt – egal, was passiert. Aber ist das auch umgekehrt der Fall? Denn Glaube ist, wie Freundschaft, ein empfindliches Pflänzchen. Wenn du dich nicht regelmäßig darum kümmerst, wird es langsam verkümmern. Pflegst du es aber gut, wirst du viel Freude an ihm haben.

Für deinen Glauben musst du also etwas tun! Du musst dich trauen, in ihn zu investieren. Heißt das, dass Glaube nur von uns abhängt? Nein, natürlich nicht! Glaube ist immer auch Gottes Werk. Denn Gott möchte Freundschaft mit uns schließen, ob wir das auch wollen oder nicht.

Umgekehrt freilich ist das nicht immer so. Manchmal passiert es sogar, dass jemand seinen Glauben an Gott verliert. Zum Beispiel, weil ein guter Freund plötzlich stirbt. Oder weil einer vom Arzt hört, dass er Krebs hat und nicht mehr lange leben wird. Manche Menschen geben Gott die Schuld für alles, was nicht gut läuft, und versuchen, ohne ihn weiterzuleben.

Ist Glauben eine Pflicht?

An Gott zu glauben, ist keine Pflicht! Niemand muss an Gott glauben. Gott glaubt allerdings an uns, und er lädt uns ein, seine Freundschaft zu erwidern. Manche Menschen tun das, andere nicht. Jeder ist frei, sich zu entscheiden. Aber wie kann man Gottes Freund werden?

Eigentlich ist das ganz einfach. Es ist so, wie wenn du mit jemandem aus der Klasse oder aus der Nachbarschaft Freundschaft schließt. Wenn du zum Beispiel nie dafür sorgst, dass Zeit da ist, um gemeinsam was zu unternehmen, wird die Freundschaft nicht lange halten. Und mit Gott ist das genauso. Du kannst nur Freundschaft mit ihm schließen, wenn du regelmäßig Zeit für ihn hast.

Glaubst du an Gott? Zählst du dich zu seinen Freunden? An manchen Tagen wirst du auf diese Frage vielleicht aus ganzem Herzen „Ja!" sagen. An anderen wiederum wird es vielleicht eher ein „Nein" oder ein „Ja, aber ..." sein.

In diesen Momenten ist es gut, dass es Menschen in deiner Nähe gibt, mit denen du gemeinsam zu Gott beten kannst. Menschen, die dich spüren lassen, dass der Glaube an Gott sehr glücklich machen kann. Hast du solche Menschen in deiner Nähe?

Was ist der Unterschied zwischen Glaube und Aberglaube?

Lauf nicht unter der Leiter durch, das bringt Unglück! Vielleicht hast du so einen Satz schon mal gehört. Das ist ein Aberglaube, der für manche Menschen sehr wichtig ist. Aber was ist Aberglaube? Im Lexikon steht, Aberglaube sei ein „als irrig angesehener Glaube an die Wirksamkeit übernatürlicher Kräfte in bestimmten Menschen und Dingen".

Aberglaube hat also nichts mit einer Religion oder Konfession zu tun – und deshalb auch nichts mit Gott. Glaube und Aberglaube haben ganz unterschiedliche Ausgangspunkte. Glaube gründet sich immer auf Vertrauen, während Aberglaube meist mit Angst verbunden ist.

Aber aufgepasst: So klar und deutlich lassen sich Glaube und Aberglaube manchmal nicht voneinander abgrenzen. Wenn du vor einer Prüfung in der Kirche eine Kerze anzündest, kann das eine Form

von Aberglauben sein, weil du glaubst, dass du ohne die Kerze die Prüfung nicht bestehst. Aber wenn du das Kerzchen aufstellst und Gott dabei bittest, dass er dir etwas mehr Kraft gibt, um durchzuhalten, dann ist das eine Form des Glaubens.

Wenn du also etwas tust, um Gott gütig zu stimmen, ist das Aberglaube. Denn dann *glaubst* du eigentlich nicht an Gott, sondern versuchst nur, ihn in diesem Moment für dich zu gewinnen. Wenn du dagegen etwas tust, um deine Freundschaft zu Gott auszudrücken, ist das ein Zeichen von deinem Glauben. Denn dann bist du bereit, dich ihm ganz zu schenken.

Muss man die Bibel wörtlich nehmen?

Sicher nicht alles, was im Alten Testament steht! Denn die meisten alten Geschichten geben die Wirklichkeit nicht historisch wieder. Manche Erzählungen sind sogar komplett erfunden. Nimm zum Beispiel die Geschichte vom Propheten Jona. Vielleicht kennst du ihn ja von seinen Abenteuern im Bauch des Walfischs. Natürlich ist das alles nicht *wirklich* passiert, und du darfst die Geschichten nicht wörtlich nehmen. Sie wollen dem Leser einfach etwas deutlich machen. Und weil sie dabei nicht an der Oberfläche bleiben, bedienen sie sich einer symbolischen Sprache.

Manche Gestalten aus dem Alten Testament sind jedoch historisch: Mose zum Beispiel und Salomo. Um die Botschaft deutlicher werden zu lassen, sind auch die Geschichten, die von ihnen handeln, oft übertrieben. Das macht es nicht immer einfach, auseinander zu halten, was zur historischen Wirklichkeit gehört und was nicht. Aber das ist eigentlich auch nicht so wichtig. Über Gott kann man schließlich nie „wörtlich" schreiben. Und der Kern der Bibel ist schließlich, dass Gott sich um seine Menschen kümmert!

Was ist dann mit dem Neuen Testament? Müssen wir die Geschichten über Jesus auch im übertragenen Sinn verstehen? Nein! Über Jesus gibt es viel mehr zuverlässige historische Quellen. So wissen wir zum Beispiel, dass er geboren wurde, als Augustus römischer Kaiser war, und dass er unter Pontius Pilatus gestorben ist.

Natürlich stehen auch im Neuen Testament einige Geschichten, die sich nicht wirklich so zugetragen haben. Aber dass Jesus gelebt hat, steht fest. Und wir glauben sogar, dass er nach seinem Tod auferstanden ist!

Bin ich jetzt Christ oder Katholik?

Am Anfang des Christentums nannten sich die Menschen, die Jesus nachfolgten, Christen. Seitdem ist in der großen Familie der Christen viel passiert. Im Lauf der Zeit entstanden verschiedene Gruppen, weil man unterschiedlich über den Glauben dachte oder bestimmte Dinge anders empfand. Über die Rolle des Papstes zum Beispiel hat es in den letzten Jahrhunderten eine ganze Menge Streit gegeben. Einige fanden, dass er zu viel Macht hat und eine weniger wichtige Rolle spielen sollte.

Eigentlich ist man zunächst Christ und erst in zweiter Instanz Katholik. Wenn du dich Christ nennst, sagst du, dass Jesus einen wichtigen Platz in deinem Herzen einnimmt und dass du selbst versuchst, so zu leben wie er. Nicht einen Tag lang, nicht sieben, sondern jeden Tag deines Lebens.

Aber wenn du's genau nehmen willst, musst du noch „katholisch" hinzufügen. Denn damit sagst du, auf welche Art und Weise du Christ bist – gemäß der katholischen Kirche. Andere christliche Konfessionen sind die orthodoxe, die evangelische und die anglikanische Kirche.

Gibt es auch Ähnlichkeiten unter den verschiedenen Konfessionen? Ja! Denn ob man nun orthodox, evangelisch, anglikanisch oder katholisch ist, der Kern bleibt immer derselbe: der Glaube an den Gott Jesu Christi! Seit Anfang des 20. Jahrhunderts versuchen die verschiedenen christlichen Kirchen, sich einander anzunähern. Sie wollen voneinander lernen und in Frieden miteinander sprechen und beten. Das nennen wir „Ökumene".

Wann sind die anderen christlichen Kirchen entstanden?

Tausend Jahre lang gab es nur *eine* christliche Kirche: die Kirche Jesu Christi. Jeder, der an Gott glaubte, fühlte sich da auf die eine oder andere Weise zu Hause. Natürlich gab es auch mal Spannungen, aber die wurden meist rasch beigelegt.

Erst im Jahr 1054 kam es zum ersten großen Bruch. Eigentlich war das mehr eine politische als eine religiöse Sache ... Jedenfalls entschied sich die Kirche im Osten für einen anderen Weg als die im Westen. Sie nannte sich fortan „orthodoxe Kirche". Wörtlich bedeutet das „die richtige Kirche". Typisch für die Orthodoxie sind die prächtige Liturgie und die vielen Ikonen — sehr schöne Bilder von Jesus und den Heiligen.

Im Jahr 1517 folgte dann eine weitere Spaltung. Martin Luther konnte sich mit einigen Standpunkten Roms nicht mehr abfinden und machte seinen Protest öffentlich, indem er eine Liste mit 95 Thesen (einige Quellen sagen, es seien 99 gewesen) an die Tür einer katholischen Kirche hängte. Der Protestantismus war geboren. Heute gibt es hunderte protestantische Kirchen, die alle ihren eigenen Schwerpunkt setzen. Typisch für den Protestantismus ist im Allgemeinen die große Rolle, die die Bibel spielt.

1534, siebzehn Jahre nach Luthers Thesenanschlag, entstand die anglikanische Kirche. Der englische König Heinrich VIII. wollte sich von seiner Frau scheiden lassen und eine andere heiraten. Der Papst in Rom weigerte sich jedoch zuzustimmen. Als Reaktion darauf gründete Heinrich eine eigene englische Kirche. Noch heute ist die englische Königin Oberhaupt der anglikanischen Kirche, die nicht allein in Großbritannien verbreitet ist, sondern etwa auch in Südafrika viele Mitglieder hat.

Warum gibt es so viele verschiedene Religionen?

Weil es auf der Welt so viele verschiedene Kulturen gibt, die den Begriff „Gott" alle auf ihre je eigene Weise füllen. Wenn du schon mal in ein fernes Land gereist bist, nach Asien oder Afrika, hast du das schon selbst erfahren. Überall auf der Welt suchen Menschen Gott auf ihre Art. Das äußert sich in unterschiedlichen Bräuchen und Ritualen. Manchmal nennen Menschen Gott auch ganz anders. So nennen die Muslime Gott „Allah", während die Juden von ihm als „Jahwe" reden. Für die Hindus wiederum ist Gott „Brahma".

Sind die Religionen denn alle gleich? Nein. Wohl sind sie gleichwertig und verdienen alle denselben Respekt. Aber jede Religion hat andere Schwerpunkte. Was das Christentum zum Beispiel einzigartig macht, ist der Glaube, dass Jesus der Sohn Gottes ist und dass er von Gott auf die Welt gesandt wurde, um den Menschen von ihm zu erzählen. In Jesus ist Gott Mensch geworden. So hat er für immer deutlich gemacht, dass er unser Freund sein will. Das Christentum ist denn auch die einzige Religion, in der Gott den Menschen so nahegekommen ist.

Doch es gibt auch auffällige Übereinstimmungen zwischen den Religionen. Man nähert sich Gott – oder wie man ihn auch immer nennt – immer mit großer Ehrfurcht. Und in allen Religionen beten die Menschen zu ihrem Gott. Dabei zünden sie oft eine Kerze oder ein Räucherstäbchen an. So sehr unterscheiden sich die Religionen also auch wieder nicht voneinander.

Wäre ich auch Christ, wenn ich in Indien geboren wäre?

Wenn du in Indien geboren wärst, dann wärst du höchstwahrscheinlich Hindu wie der Großteil der Inder. Dann hättest du zu Hause eine besondere Ecke, einen Hausaltar, mit verschiedenen Bildern von Gott. Denn die Hindus glauben, dass Gott aus mehreren Personen besteht: aus Brahma (dem Schöpfer), Vishnu und Shiva. Vishnu verehren die Hindus als Erhalter, als Beschützer. Shiva ist das Gegenteil: der Zerstörer dieser Welt. Bei deinem Hausaltar stünden Blumen und Obst. Und morgens würde deine Mutter dort ein Öllämpchen oder ein Räucherstäbchen anzünden.

Und doch: Du könntest auch Christ sein. Ungefähr zwei Prozent der Inder sind Christen. Und die christliche Kirche in Indien ist sehr aktiv. Man sagt, der Apostel Thomas sei nach Indien gereist, um dort von Jesus zu erzählen. Aber das Evangelium hat das Land erst im sechzehnten Jahrhundert erreicht. Das ist dem heiligen Franz Xaver zu verdanken. Er zog zu Fuß nach Indien und reiste sogar durch ganz Japan!

Ich nehme an, dass du Christ bist. Jetzt frage ich dich: Bist du froh, dass du Jesus und seine Frohe Botschaft kennen gelernt hast? Wer hat dir zuerst von Jesus erzählt? Gibt es auch Menschen, denen du von Jesus erzählst? Ich hoffe ja! Denn wenn er wirklich dein Freund ist, solltest du ihn nie verschweigen.

Der Weg zu Gott? Über Rom, Mekka, Delhi oder ...

Glaube

Wer sind die Zeugen Jehovas?

Die Zeugen Jehovas vertreten Anschauungen, die von den meisten Christen nicht geteilt werden. So glauben sie etwa, dass Festtage wie Ostern und Weihnachten, aber auch Geburtstage nicht mit dem christlichen Glauben vereinbar seien. Sie haben auch eine eigene Bibelübersetzung, in der an einigen Stellen der Text so wiedergegeben wird, dass er zu ihren Anschauungen passt. So bestreiten sie auch die Einheit von Gott Vater, Sohn und Heiligem Geist.

Zu zweit gehen sie von Haus zu Haus, wofür sie gründlich geschult sind. Sie verteilen ihre Zeitschriften „Wachtturm" und „Erwachet". Bei ihren Hausbesuchen sprechen sie oft von einer baldigen Endzeitschlacht, in der man nur als Mitglied der Zeugen Jehovas gerettet werden könne.

Wie kommen die Zeugen Jehovas auf den Namen „Jehova"? Der jüdische Gottesname „JHWH" wurde ursprünglich nur in Konsonanten geschrieben, zwischen die dann die Vokale A und E eingefügt wurden („JAHWE"). Da die Juden den Gottesnamen nicht aussprechen durften und die Zeugen Jehovas sich an diesem Verbot orientieren, setzten sie zwischen die Buchstaben „JHWH" die Vokale E, O und A, wie sie in dem hebräischen Wort „der Herr" vorkommen. So entstand der Name „JEHOWAH".

Aufgrund ihrer speziellen Anschauungen lehnen die Zeugen Jehovas die christlichen Kirchen als die „falsche Religion" ab. Deshalb werden sie umgekehrt von vielen Christen als eine christliche Sekte betrachtet.

Was ist eine Sekte?

Eine Sekte ist eine Gruppe von Menschen, die ihren eigenen Glauben entwickelt hat und sich meist um einen so genannten „Guru" sammelt, den Leiter der Gruppe. Oft haben sie auch eigene Bräuche und Gewohnheiten entwickelt und grenzen sich vom Rest der Gesellschaft ab. Mit allen Mitgliedern der Sekte bilden sie dann sozusagen eine Insel, ohne mit der Außenwelt noch in Kontakt zu treten.

Sind solche Gruppen gefährlich? Manchmal ja, aber nicht immer. Es kann zum Beispiel sein, dass Menschen beim Eintritt in eine Sekte ihr ganzes Geld und ihren Besitz abgeben müssen und keinen Kontakt zu ihrer Familie mehr haben dürfen. Manchmal werden Menschen sogar so sehr verformt, dass sie keine eigene Meinung mehr haben und die Meinung ihres Gurus blind übernehmen.

Solche Gruppen sind dann ganz sicher gefährlich. Jemand hat einmal gesagt, dass solche Sekten wie Gefängnisse ohne Gitter sind. Bei uns in Deutschland gibt es in jedem Bistum einen kirchlichen Sektenbeauftragten. Dort kann man sich über gefährliche Sekten erkundigen.

Aber es gibt auch Sekten, die nicht so extrem sind und in denen Menschen durchaus ihre eigene Persönlichkeit entwickeln können. Deshalb ist es gefährlich, alle Sekten in die gleiche Schublade zu stecken – nur weil wir sie seltsam finden oder nicht verstehen. Man sollte also zwischen guten und schlechten Sekten unterscheiden. Erst wenn Menschen nicht mehr sie selbst sein dürfen, ist eine Sekte gefährlich.

Kann man sich Christ nennen und gleichzeitig Rassist sein?

Christ sein und gleichzeitig Menschen wegen ihrer Hautfarbe oder Überzeugung ausschließen – das kann nicht zusammenpassen! Überall in der Bibel kannst du lesen, dass das für Gott nicht geht.

Denke zum Beispiel an die Geschichte von Adam und Eva. Symbolisch werden die beiden vorgestellt als Mutter und Vater aller Menschen auf der ganzen Welt. Also sind wir eigentlich alle eine große Familie. Und kann man jemanden einfach so aus der Familie ausstoßen? „Das ist doch nur eine Geschichte", denkst du jetzt vielleicht. Aber heißt das denn, dass die Wirklichkeit hinter der Geschichte nicht wahr ist?

Übrigens: Auch im Evangelium findet man viele Beispiele dafür, dass alle Menschen zusammengehören. Jesus sucht nämlich immer wieder Kontakt zu Menschen, die ausgestoßen worden sind. Zu Samaritern und Zöllnern zum Beispiel. Oder zu Kranken und Armen. Für Jesus ist jeder Mensch gleich wichtig. Viele Juden hatten damit Schwierigkeiten. Aber das war genau die Botschaft Jesu: Liebe deinen Nächsten, auch wenn er „anders" ist.

Wieso gibt es dann Christen, die doch rassistisch sind? Ganz einfach: Weil sie das Evangelium nicht gut genug lesen. Manche Menschen versuchen sogar, aus der Bibel zu belegen, dass Rassismus in Ordnung ist. Hoffentlich schaffst du es, dein Leben anders anzupacken.

Wer ist eigentlich Gott?

Niemand hat Gott je gesehen – und doch gibt es sehr viele Menschen, die an ihn glauben. Wie kommt das? Und wer ist Gott dann für sie? Wenn du weißt, dass es auf der Welt viele verschiedene Religionen gibt, wirst du verstehen, dass es nicht so einfach ist, „Gott" zu beschreiben. Und doch – eins gilt für alle Religionen: Gott wird immer beschrieben als jemand, der in einer „anderen Welt" lebt und größer ist als die Menschen.

Aber weißt du damit auch schon, wie man Gott ansprechen darf? Nein! Deshalb sind die Menschen immer auf der Suche gewesen nach Worten, um *über* Gott zu sprechen und vor allem um *mit* Gott zu sprechen. So

steht in der Bibel zum Beispiel, dass Gott wie Wasser ist oder wie ein Felsen. Gott ist natürlich nicht Wasser, so wie wir es kennen. Aber man kann Gott durchaus mit Wasser vergleichen. Wasser sorgt dafür, dass Pflanzen, Tiere und Menschen leben können. Und Gott tut auf seine Weise dasselbe.

Ist Gott ein echter Felsen? Natürlich nicht. Das ist nur ein Bild, das ausdrückt, dass man sich auf ihn verlassen kann. Für Christen ist das in Jesus auf besondere Weise deutlich geworden. „Wenn du wissen willst, wer Gott ist, musst du auf Jesus schauen!", sagt man deshalb. Und so wie Gott der Vater von Jesus ist, so will er auch unser Vater sein. Traust du dich, in diesem Sinne zu ihm zu beten?

Wenn Gott alles geschaffen hat, wer hat dann Gott geschaffen?

Eine schwierige Frage! Denn wie kann man mit menschlichen Worten etwas über das Geheimnis Gottes sagen? Wir wollen es trotzdem versuchen. Denn über Gott können wir eigentlich nie genug nachdenken – auch wenn wir uns dabei immer bewusst sein müssen, dass wir Gott nie ganz begreifen können.

Für Christen ist Gott der Ursprung von allem. Er steht am Beginn von Zeit und Ewigkeit. Vor Gott war also nichts und niemand. Deshalb ergibt die Frage, wer Gott geschaffen hat, eigentlich keinen Sinn. Denn mit Gott hat irgendwann mal alles angefangen. Und weiter zurückgehen als bis an den Beginn von allem geht nicht ...

Ist das jetzt eine gute Antwort auf die Frage, wer Gott geschaffen hat? Natürlich nicht! Die Wissenschaftler werden diese Frage weiterstellen. Doch die perfekte Antwort wird man nie finden, weil „glauben" immer etwas weitergeht als das, was wir Menschen beweisen können. Das Einzige, was wir machen können, ist, uns mit unserem ganzen Herzen Gott anzuvertrauen und Freundschaft mit ihm zu schließen.

Wo wohnt Gott? Im Himmel?

Viele gelehrte Professoren haben schon versucht, diese Frage zu beantworten. Manchmal hat es sogar Streit darüber gegeben, weil Menschen Gott für sich beanspruchten und ihn in ihren Kirchen, Tempeln oder Moscheen einschlossen. Natürlich wohnt Gott auch da! Aber das ist sicher nicht der einzige Ort, wo du ihm begegnen kannst.

Manche Menschen begegnen ihm zum Beispiel in der Natur. Andere kommen ihm im Gesicht der Armen nahe. Heißt das, dass Gott überall ist? Ja und nein. Gott *kann* überall sein, aber manchmal lassen die Menschen ihn nicht zu sich herein und verschließen ihr Herz vor ihm.

Um Gott auf die Spur zu kommen, ist es wichtig, dass du dein Herz weit für ihn öffnest. Denn nur dann kann er auch bei dir wohnen – so wie das auf besondere Weise bei Jesus der Fall war. Und vielleicht erkennen die Menschen dann etwas von Gott in dir. Wenn du ihnen hilfst oder ihnen einfach zuhörst, wenn sie dir aus ihrem Leben erzählen.

Also – wo wohnt Gott? Überall, wo Menschen versuchen, zueinander gut zu sein, und so an einem Stückchen Himmel auf Erden arbeiten. Ob das dann in Deutschland geschieht oder am Nordpol, tut weiter nichts zur Sache. „Ubi caritas et amor, Deus ibi est" – „Wo Liebe und Freundschaft sind, da ist Gott", heißt es in einem Lied. Der Himmel ist also viel näher, als wir manchmal denken. Wird das auch an dir sichtbar?

Was meint man, wenn man sagt, dass Gott Vater, Sohn und Heiliger Geist ist?

Obwohl Gott einer ist, besteht er aus drei Personen. Das nennt man die Lehre von der Dreifaltigkeit Gottes, oder — mit einem Fremdwort — die Trinitätslehre. Wenn wir das Kreuzzeichen machen, sprechen wir diese Dreifaltigkeit aus: „Im Namen des Vaters, des Sohnes und des Heiligen Geistes". Aber was ist damit gemeint? Wie kann man das verstehen? Rechnen hilft da nicht weiter — drei kann schließlich nicht gleich eins sein! Wie können wir die Dreifaltigkeit dann verstehen?

Eigentlich geht das nur auf eine Art und Weise: aus der Tatsache heraus, dass Gott Liebe ist. Bis zu einem gewissen Grad kann man das sogar mit der Liebe zwischen zwei Menschen vergleichen. Wenn sie einander lieb haben, werden sie eigentlich auch eins. Bei der Hochzeit sagt man das sogar ausdrücklich: Mann und Frau werden miteinander eins. Natürlich bleibt jeder er selbst, aber zugleich werden die beiden doch eine besondere Einheit.

Bei Gott ist das Ganze noch ein bisschen komplizierter. Denn bei ihm werden sogar drei Personen eins: Vater, Sohn und Geist. Gott als Vater ist der, den Jesus „Abba", Papa, nennt. Er liebt auf einzigartige Weise alle Menschen. Der Sohn ist Jesus Christus, in dem die Liebe Gottes sichtbar und fühlbar geworden ist. Und der Heilige Geist ist die Kraft, die von Gott ausgeht und uns hilft, jeden Tag aufs Neue Jesus nachzufolgen.

Und Gott selbst? Gott ist die Gesamtheit der drei. Er ist Vater, Sohn und Heiliger Geist — drei Personen in einer.

Warum sagt man nicht „Mutter" zu Gott?

Jeder Mensch ist entweder Mann oder Frau. Doch das gilt nicht für Gott. Denn eigentlich ist Gott zu groß, um ihn sich als Mann oder Frau vorzustellen. Und dennoch brauchen wir Worte, um über Gott zu sprechen. Eins davon ist das Wort „Vater". Schon Jesus hat Gott so angesprochen. Und heute tun wir das noch immer.

Aber heißt das, dass Gott ein Mann ist? Eigentlich nicht! Wir könnten sogar „Mutter" zu Gott sagen. Wenn du die Bibel genau liest, wirst du sehen, dass Gott auch dort manchmal mit einer Mutter verglichen wird. „Wie eine Mutter ihren Sohn tröstet, so tröste ich euch", schreibt zum Beispiel der Prophet Jesaja.

Gott ist also Vater und Mutter zugleich — und eigentlich auch wieder nicht. Denn Gott ist mehr als einfach Mann oder Frau. Gott ist Gott. Menschliche Worte reichen einfach nicht aus, um ihn zu beschreiben. Um nun nicht einfach von Gott schweigen zu müssen, hat man sich vor langer Zeit entschieden, Gott „Vater" zu nennen, so wie Jesus das tat. Aber vielleicht ist „Liebe" ein viel schönerer Name für Gott.

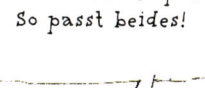

Mama oder Papa? So passt beides!

Schöpfung

Wie ist die Welt entstanden? In sieben Tagen?

In dem Buch der Bibel, das von der Schöpfung handelt – man nennt es das Buch Genesis – stehen zwei Geschichten über die Entstehung der Welt. Die erste ist eine Art Gedicht mit sieben Strophen. Es handelt davon, wie die Welt in sieben Tagen Schritt für Schritt entstanden ist.

Am ersten Tag zum Beispiel schafft Gott das Licht. Am vierten Tag macht er die Sonne und den Mond. Jeder Tag endet auf die gleiche Art und Weise, wie der Refrain in einem Lied: „Gott sah, dass es gut war." Nur am Ende des sechsten Tages – an dem Gott den Menschen geschaffen hat – klingt der Refrain anders. Wie? Das musst du schon selbst nachlesen.

Die zweite Geschichte über die Entstehung der Welt gibt ein ganz anderes Bild. Hier macht Gott zuerst den Menschen und dann erst schmückt er die Welt mit Bäumen und Tieren. Als er dann jedoch sieht, dass der Mensch sich immer noch einsam fühlt, erschafft er am Ende den Menschen als Mann und Frau.

Sind das wissenschaftliche Aussagen über die Entstehung der Welt und des Menschen? Nein. Die Bibel ist ja kein wissenschaftliches Buch. Sie wurde geschrieben, um allem, was existiert, einen tieferen Sinn zu geben. Oder – mit anderen Worten – um etwas von Gott zu erzählen. Denn seine Liebe liegt der Welt und jedem Menschenleben zugrunde.

Stammt der Mensch von Adam oder vom Affen ab?

Wenn du dir den Stammbaum des Lebens anschaust, stehen wir ganz nahe beim Affen. Die ersten Lebewesen waren kleine Wirbellose. Daraus entstanden alle möglichen anderen Tierarten; darunter auch die Säugetiere. Zu ihnen gehörten die Primaten, aus der die Familien der Affen und der Hominiden (unsere Familie) hervorgingen.

Ist die Geschichte von Adam dann nicht wahr? Ja und nein! Sie ist nicht wahr, wenn du sie als Antwort auf die Frage nach der Entstehung des Menschen liest. Liest du sie dagegen als Antwort auf die Frage nach dem Sinn des Lebens, ist sie wahr. Die Geschichte von Adam und Eva sagt uns, wer wir sind: freie Menschen, von Gott geschaffen, um ihm ähnlich zu sein. Die Wissenschaft schaut auf die „Außenseite" von Mensch und Welt. Die Bibel dagegen erzählt uns von der „Innenseite". Das ist der Unterschied zwischen dem Wissenschaftler und dem Gläubigen: Der eine will wissen, wie das Leben angefangen hat. Der andere sucht nach dem Sinn des Lebens. Natürlich ist es immer möglich, die beiden Auffassungen zu verbinden.

Warum hat Gott den Menschen geschaffen?

Schöpfung

Gott hat den Menschen geschaffen, weil er die Liebe ist und weil er seine Liebe an uns weitergeben wollte. Viel mehr kann man dazu eigentlich nicht sagen. Muss man auch nicht. Denn was ist schöner als jemand, der dich so sehr liebt, dass er dir „Leben" gibt? Frag das mal eine Mutter, die gerade ein Kind bekommen hat. Oder einen Jungen, der bis über beide Ohren verliebt ist und merkt, dass die Liebe seiner Freundin sein Leben schöner und reicher macht.

Was ist dann das Ziel des Lebens?, fragst du dich jetzt vielleicht. Na ja, auch die Antwort auf diese Frage ist eigentlich ganz einfach: dass wir glücklich werden und einander glücklich machen sollen! Gott möchte nicht, dass Menschen leiden oder verletzt werden, sondern dass sie Freude finden in ihrem Leben. Sein größter Wunsch ist, dass jeder auf dieser Welt einen Ort findet, wo er er selbst sein kann. Wo er als Mensch aufblühen kann, verbunden mit anderen. In Jesus hat Gott das ganz deutlich gezeigt.

Ist das nicht fantastisch – zu wissen, dass Gott uns geschaffen hat, weil er uns so liebt und sich freut, wenn wir glücklich werden? Ich finde jedenfalls, dass das ein tolles Geschenk ist. Und du?

Bin ich auch „als Gottes Abbild" geschaffen?

Warum Gott uns geschaffen hat, haben wir schon in der vorigen Frage gesehen: weil er die Liebe ist und jeden Menschen unendlich gern hat. Aber warum hat Gott uns dann „als sein Abbild" geschaffen, wie es in der Bibel steht?

Gott hat uns deswegen nach seinem Abbild geschaffen, damit wir die Liebe, die er uns entgegenbringt, an andere weitergeben. Mit anderen Worten: Gott will, dass wir – als seine Abbilder – liebevoll miteinander umgehen.

Eigentlich sollten wir ein Spiegel der Liebe Gottes sein. Die Menschen sollten an uns spüren können, dass wir das Leben als Geschenk aus seiner Hand erfahren. Aber ist das auch so? Wenn ich mich selbst anschaue, merke ich oft, dass ich alles bin, nur kein Spiegelbild Gottes. Und du? Können Menschen an dir etwas von Gott spüren? Oder hältst du ihnen einen anderen Spiegel vor?

An Gott jedenfalls liegt es nicht. Er hat jeden Menschen nach seinem Abbild geschaffen, ohne Ausnahme. Was wir dann damit machen, liegt in unserer Hand. Gott gibt uns vollständige Freiheit! Traust du dich, wie Jesus mit deinem ganzen Herzen zu lieben? Ich hoffe es! Denn je mehr Liebe du verschenkst, desto größer wird sie. Wenn *das* kein Wunder ist ...

Hat Jesus wirklich gelebt?

Wenn du die vielen Wundergeschichten über Jesus liest, stellst du dir diese Frage vielleicht auch gelegentlich. Eine Antwort könnte sein, dass das Neue Testament selbst beweist, dass Jesus gelebt hat. Denn wie sollten wir sonst an diese Geschichten kommen?

Das reicht natürlich noch nicht aus. Das Neue Testament ist schließlich von Menschen geschrieben worden, die glaubten, dass es Jesus gegeben hat. Wie müssen also auf die Suche nach anderen Texten über ihn gehen.

Das ist nicht so einfach, wie es scheint. 2000 Jahre sind eine lange Zeit. Vieles ist im Laufe der Jahrhunderte verloren gegangen. Außerdem war Palästina nur eine entlegene Provinz im großen Römischen Reich. Und doch sind sechs Textstücke überliefert, die nicht von Christen stammen. So schrieb der römische Geschichtsforscher Tacitus etwa über die Bezeichnung „Christen": „Dieser Name stammt von Christus, der unter der Regierung des Tiberius vom Statthalter Pontius Pilatus hingerichtet worden war."

Viel sagen die römischen und jüdischen Geschichtsforscher allerdings nicht über Jesus. Zum Glück haben wir vier Evangelien. Jedes erzählt auf seine eigene Weise von Jesus. Wenn wir sie alle zusammennehmen, können wir sagen, dass es keine verrückte Idee ist, Jesus nachzufolgen.

Ist Jesus wirklich am 25. Dezember geboren?

Wahrscheinlich nicht. In der Bibel steht überhaupt nichts über das Geburtsdatum Jesu. Matthäus und Lukas berichten zwar, wo Jesus geboren wurde, aber vom 25. Dezember steht bei ihnen nichts. Dreihundert Jahre lang feierten die Christen übrigens nur die Auferstehung Jesu. Es gab gar kein Fest, das an seine Geburt erinnert hätte. Warum? Weil wir den Geburtstag von Jesus nicht kennen.

Später entschieden sich die Christen selbst für den 25. Dezember. An diesem Tag nämlich feierten die Römer die Sonnenwende, ein Lichtfest. Denn ab dann werden die Tage wieder länger. Im vierten Jahrhundert haben die Christen dieses Datum dann einfach übernommen, weil Christus für sie das „Licht der Welt" war. Da schien der 25. Dezember der richtige Tag, um seine Geburt zu feiern.

Ein anderes Problem ist das Geburtsjahr Jesu. Vor kurzem erst hat man gemerkt, dass man sich damit eigentlich immer vertan hatte: Jesus wurde früher geboren, als man angenommen hatte. Einige kluge Professoren sind der Meinung, dass Jesus im Jahr 6 vor Christus geboren wurde. Das würde dann heißen, dass wir mit unserer Zeitrechnung eigentlich sechs Jahre hiterherhinken ... Kannst du noch folgen?

Gut, dass Weihnachten nicht am 25. Juni ist – sonst wären wir nie dabei!

Wer war der Vater, von Jesus? Gott oder Josef?

Hast du dir jemals diese Frage gestellt: Wer ist mein Vater, der Vater im Himmel, wie Jesus gesagt hat, oder der auf der Erde? Die Antwort ist: alle beide. Der Vater im Himmel hat alle Menschen geschaffen und liebt jeden Einzelnen. Dein Vater auf der Erde hat bei deiner Geburt versprochen, gut für dich zu sorgen und dir seine ganze Liebe zu geben.

Auch Jesus hatte so einen Vater auf der Erde: Josef. Wenn er allerdings im Evangelium sagt „mein Vater", meint er seinen Vater im Himmel.

Als Jesus noch klein war, hat er das einmal ganz deutlich gemacht: Mit seinen Eltern war er zum Tempel nach Jerusalem gegangen, weil dort ein großes Fest gefeiert werden sollte. Als sie sich auf den Rückweg machten, blieb er allein zurück. Hatten Maria und Josef das denn nicht bemerkt? Anfangs nicht. Sie dachten, er würde irgendwo mit seinen Freunden spielen. Später erst fiel ihnen auf, dass er doch nicht bei ihrer Gruppe war, und sie gingen zurück zum Tempel. Wie froh waren sie, als sie Jesus dort wieder sahen! „Wusstet ihr denn nicht, dass ich bei meinem Vater sein wollte?", fragte Jesus sie.

Für die, die an ihn glauben, ist Jesus also vor allem der Sohn Gottes. Und Josef war sein Vater hier auf der Erde, der für ihn sorgte.

Was wissen wir von Jesus als Kind?

Ehrlich gesagt: nicht viel. Nur Lukas erzählt in seinem Evangelium hier und da etwas über die Kindheit Jesu. Ansonsten vermuten wir, dass Jesus so aufwuchs wie andere jüdische Jungen auch. So wird er mit fünf in die Schule gekommen sein. Die Grundschule war bei den Juden immer an die Synagoge angeschlossen. Hier wurden die Kinder in der Thora unterrichtet, dem jüdischen Gesetz; hier lernten sie, wie man zu Gott betet. In die Schule gingen allerdings nur die Jungen — Mädchen waren nicht willkommen ...

Mit dreizehn Jahren war die Schule zu Ende. Dann waren Jungen nach dem Gesetz volljährig. Gefeiert wurde das mit der „Bar Mitzwa". Dieses Fest kann man mit der Firmung bei uns vergleichen. Für jüdische Jungen war und ist das ein ganz wichtiger Tag im Leben. Von der Bar Mitzwa an durften sie aus der jüdischen Bibel vorlesen und wurden wie Erwachsene behandelt.

Musste Jesus als Kind denn überhaupt noch viel über Gott lernen? Wahrscheinlich nicht. Als Sohn Gottes kannte Jesus seinen Vater schließlich besser als jeder andere. So erklärte er denn auch als Zwölfjähriger einer Gruppe von Schriftgelehrten im Tempel, wie er die Heilige Schrift verstand. Sie hörten ihm staunend zu. Eigentlich war er es, der ihnen Religionsunterricht gab, nicht umgekehrt. Jesus war also schon immer ein bisschen „speziell".

Die „Frohe Botschaft" – was ist das eigentlich?

Die „Frohe Botschaft", das ist die deutsche Übersetzung des griechischen Wortes „eu-angelion", von dem unser Wort „Evangelium" abstammt. Zu Anfang meinte man damit die Botschaft Jesu: „Gottes Reich der Liebe ist da!" Das war für die ersten Christen die schönste und beste Botschaft, die sie sich vorstellen konnten. Wenig später meinte man mit dieser Botschaft nicht nur das, was Jesus gesagt hat, sondern auch Jesus selbst.

Vier Gläubige schrieben auf diese Art und Weise über Jesus: Matthäus, Markus, Lukas und Johannes. Das Markusevangelium ist das älteste; geschrieben wurde es um das Jahr 60. Das jüngste Evangelium ist das von Johannes, geschrieben etwa im Jahr 90. Matthäus und Lukas schrieben ihre Evangelien um das Jahr 70. Sie stützten sich auf das Evangelium von Markus. Diese drei Evangelien haben deshalb auch viel gemeinsam.

Eigentlich kann man immer dann von einem neuen Evangelium sprechen, wenn jemand bezeugt, dass Jesus für sie oder ihn die Frohe Botschaft ist. So kann jeder sein eigenes Evangelium haben, seine eigene „Frohe Botschaft", wenn er dem Weg Jesu folgt.

Wie muss ich mir Jesus vorstellen?

Als Jesus lebte, gab es noch keine Fotoapparate oder Videokameras. Jesus hatte auch kein Geld, um ein Denkmal oder ein Bild von sich machen zu lassen. Deshalb haben wir kein genaues Bild von ihm und müssen vermuten, wie er ausgesehen hat.

Vielleicht ist das auch besser so. Denn wenn wir ein Bild oder Foto von Jesus hätten, würden wir ihm vielleicht nicht in den Menschen begegnen, die wir treffen. Denn das geht zum Glück! Jesus selbst hat gesagt, in welchen Menschen er auf besondere Weise sichtbar wird: „Was ihr für einen meiner geringsten Brüder getan habt, das habt ihr mir getan." (Matthäus 25,40) Erkennst du Jesus in armen und einsamen Menschen?

Die Begegnung mit Jesus im Nächsten nennt man auch „Sakrament der Freundschaft". Das ist ein sehr schöner Begriff. Denn in jedem Sakrament ist Jesus auf besondere Weise anwesend. Und weil das in der Freundschaft genauso ist, kann man die Freundschaft auch als Sakrament bezeichnen.

Weißt du jetzt, wie du dir Jesus vorstellen kannst? Schau dich mal um — vielleicht erkennst du ihn ja!

War Jesus verheiratet?

Nein! Jedenfalls gibt es in den Evangelien keinen Hinweis darauf, dass er eine Frau gehabt haben könnte. Eigentlich wäre das auch nicht logisch. Denn Jesus hatte von seinem Vater den Auftrag erhalten, seine Liebe allen Menschen zu schenken. Wäre er verheiratet gewesen, hätte er für diesen Auftrag wahrscheinlich nicht viel Zeit gehabt.

Hatte Jesus denn etwas gegen die Ehe? Nein! Er fand die Liebe zwischen Menschen sehr wichtig. Aber noch wichtiger fand er die Liebe Gottes. Deshalb wollte er Gott sein ganzes Leben schenken, ohne sich an eine Frau zu binden. Er wollte ganz frei sein, um jedem zu erzählen, wie sehr Gott die Menschen liebt. Und es blieb nicht nur beim Erzählen. Er strahlte so viel Liebe und Zärtlichkeit aus, dass Menschen in ihm die Liebe Gottes erfahren konnten.

Priester und Ordensleute entscheiden sich noch heute dafür, ehelos zu leben. Sie tun das eigentlich aus dem gleichen Grund wie Jesus: um Gottes Liebe für jeden sichtbar und spürbar zu machen. Natürlich tun Verheiratete das auch. Ihr Zeugnis ist genauso wichtig. Es ist nur eine andere Art, Gottes Liebe weiterzugeben.

Warum nannte Jesus Simon auf einmal Petrus?

Im Evangelium kannst du lesen, dass Simon von Jesus auf einmal einen neuen Namen bekommt (Matthäus 16,13-20). Warum macht Jesus das? In der Bibel kommt es schon mal öfters vor, dass ein Mensch einen neuen Namen erhält. Das hängt dann meist damit zusammen, dass dieser Mensch einen Auftrag bekommt, eine Sendung. Auch bei Simon ist das so. Jesus macht ihn zum „Fels" (die wörtliche Bedeutung von „Petrus"), auf den er seine Kirche bauen möchte.

Heißt das jetzt, dass Petrus der Chef der Apostel wird? Nein! Er soll nur dafür sorgen, dass die Botschaft Jesu nicht verloren geht. Und Petrus ist auch nur ein Mensch. Dann und wann zweifelt auch er an Jesus. Das sollte man von einem Felsen eigentlich nicht erwarten, aber dennoch ...

Vom Papst sagt man, dass er der Nachfolger des Petrus ist. Denn er hat denselben Auftrag wie sein großer Vorgänger: für die Einheit der Kirche zu sorgen. Lange nachdem Petrus gestorben war, hat man über seinem Grab in Rom den Petersdom gebaut. So war er auch nach seinem Tod noch der „Fels", zu dem Jesus ihn gemacht hat.

Findest du mich wirklich so dickschädelig?

Warum hat Jesus zwölf Apostel ausgewählt?

Ganz einfach: damit sie ihm helfen. Je mehr Menschen Jesus kannten, desto schwieriger wurde es für ihn, auf ihre Fragen einzugehen. Aber woher wussten die Apostel, was sie den Menschen sagen sollten? Erst gingen sie eine Weile mit Jesus mit. Und von dem Moment an, an dem sie seine Botschaft mehr oder weniger verstanden hatten, schickte er sie zu zweit auf den Weg, um in allen Dörfern und Städten von ihm zu erzählen. Jesus versuchte auch selbst überall hinzukommen. Seine Apostel sorgten gleichzeitig dafür, dass seine Botschaft nicht verloren ging.

Jesus hatte allerdings noch einen anderen Grund, seine Apostel auszusenden. Durch ihre Freundschaft untereinander und zu den Menschen, die sie unterwegs trafen, sollten sie von Gottes Liebe und Freundschaft Zeugnis ablegen. Deshalb sandte Jesus sie auch zu zweit aus. Daran, wie sie miteinander umgingen, sahen die Menschen, was es bedeutet, einander im Namen Gottes zu helfen und zu dienen. Denn das war eine der Voraussetzungen, um Apostel zu sein: die Bereitschaft, den Mitmenschen immer und überall zu dienen. Als Jesus das letzte Mal mit seinen Jüngern zusammensaß, hat er ihnen das noch mal ganz deutlich gemacht, indem er ihnen die Füße gewaschen hat.

Nach Ostern mussten die Apostel allein weitergehen. Anfangs gelang ihnen das nicht, und sie schlossen sich ein. Aber von dem Moment an, wo sie in ihrem Herzen spürten, dass Jesus auferstanden war und mitten unter ihnen lebte, wurde ihr Zeugnis immer größer und stärker. Ein Glück! Denn sonst hätten wir vielleicht nie etwas von Jesus gehört.

Waren Petrus, Jakobus und Johannes „bevorzugte" Jünger?

Eigentlich schon. Denn immer, wenn etwas Wichtiges bevorstand, nahm Jesus sie zur Seite. Zum Beispiel in der Geschichte über die Verklärung Jesu auf dem Berg Tabor (Matthäus 17,1-13). Wen nimmt er mit? Petrus, Jakobus und Johannes. Sie dürfen die einzigen Zeugen der besonderen Einheit von Gott und Jesus sein.

„Warum gerade diese drei?", fragst du dich jetzt vielleicht. Nun ja, zusammen mit Andreas waren sie Jesus als Erste gefolgt. Er hatte sie am Ufer des Sees von Galiläa angesprochen, und sofort hatten sie alles hinter sich gelassen. Ist es dann nicht logisch, dass es zwischen Jesus und diesen Jüngern „klick" gemacht hat?

Das heißt aber noch lange nicht, dass die drei in den Augen Jesu „besser" oder „wichtiger" waren. Sie waren nur auf gleicher Wellenlänge mit ihm. Deshalb zieht er sie öfter ins Vertrauen als die anderen Jünger.

Warum hat Gott keine Frau in die Welt gesandt?

Ist das überhaupt so? Gibt es nicht eine ganze Menge Frauen, die von Gott gesandt sind? Im Alten Testament gibt es zum Beispiel eine ganze Reihe von Prophetinnen. Denk mal an Mirjam, die eine wichtige Rolle beim Auszug der Juden aus Ägypten spielte. Oder an die Prophetin Debora, die etwa 1125 vor Christus als Richterin im Bergland von Efraim auftrat.

Auch im Neuen Testament spielen Frauen eine wichtige Rolle. Zum Beispiel Maria, die Mutter Jesu. Oder die beiden Frauen, die als Erste von der Auferstehung Jesu berichten.

Frauen haben also durchaus ihren Platz in der Geschichte von Gott und seinen Menschen. Das ist umso bemerkenswerter, als Frauen in der damaligen jüdischen Gesellschaft eine untergeordnete Rolle spielten. Die Gesellschaft war damals – noch mehr als heute – Männersache. Frauen hatten da nichts zu sagen. Ist es darum nicht logisch, dass Gott Jesus in so eine Gesellschaft schickte und nicht eine Frau? Für die Juden hätte seine Botschaft, wäre Jesus eine Frau gewesen, jedenfalls *noch* unglaublicher geklungen.

Inzwischen haben sich die Zeiten zum Glück geändert. Frauen und Männer haben, vor allem in unseren Ländern, die gleichen Rechte. Die Kirche hat auf diesem Gebiet noch eine Menge nachzuholen. Trotzdem scheint es mir übertrieben zu sagen, dass sie Frauen diskriminieren würde.

Ein Gleichnis – was ist das?

Im Lexikon steht, ein Gleichnis sei „eine kurze bildhafte Erzählung, die einen abstrakten Gedanken durch einen Vergleich mit einer anschaulichen, konkreten Handlung verständlich machen will". Zwischen den Zeilen enthält ein Gleichnis also eine viel tiefere Botschaft, als man auf den ersten Blick vermuten würde.

Nimm zum Beispiel das Gleichnis Jesu vom Sämann (Markus 4,1-9). „Als er säte, fiel ein Teil der Körner auf den Weg, und die Vögel kamen und fraßen sie", sagt Jesus. „Ein anderer Teil fiel auf felsigen Boden, wo er verdorrte. Wieder ein anderer Teil fiel in die Dornen und erstickte. Aber ein Teil fiel auf guten Boden und brachte reiche Frucht." Die Jünger verstanden anfangs nichts davon. Aber als Jesus ihnen erzählt, dass dieses Gleichnis eigentlich von ihnen handelt, fällt bei einigen der Groschen. Sie verstehen, dass Gottes Wort in ihrem Herzen nicht immer auf guten Boden fällt, sondern manchmal unter den Dornen von Habgier und Egoismus erstickt. Wie sieht das bei dir aus? Fällt Gottes Wort bei dir immer auf guten Boden?

Ein anderes Beispiel ist das Gleichnis vom verlorenen Sohn (Lukas 15,11-32). Auch das handelt von uns! Denn wie oft ähneln wir dem Sohn in der Geschichte und suchen unser Glück bei uns selbst statt bei Gott. Zum Glück ist Gott wie der barmherzige Vater, der auf seinen Sohn wartet, ihn in den Arm nimmt und vor Freude gar nicht mehr loslassen möchte, als er ihm vergibt.

Ein Gleichnis darf man also niemals wörtlich lesen. Denn es steckt immer mehr drin, als da geschrieben steht. Die Kunst liegt darin, die Botschaft zu entdecken, die hinter der Geschichte steckt. Manchmal ist das einfach, weil Jesus selbst seinen Jüngern das Gleichnis erklärt. Aber manchmal steht auch keine Erklärung dabei. Dann müssen wir uns die Geschichte selbst übersetzen. Hoffent-lich hast du ältere Geschwister oder Eltern, die dir dabei helfen können.

Sind die Wundergeschichten von Jesus wirklich passiert?

Dass Jesus besondere Dinge getan hat, scheint klar zu sein. Sonst hätte man ihm nicht so viele Wunder zugeschrieben. Daran, dass er zum Beispiel Kranke geheilt hat, zweifelt niemand. Aber wie viele es waren und wie Jesus das genau gemacht hat, das wissen wir nicht.

Ob alle Wundergeschichten von Jesus sich wirklich so zugetragen haben, wissen wir also nicht. Aber ist das wichtig? Ich meine nicht. Denn die wichtigste Frage ist doch, warum man erzählt, dass Jesus Wunder gewirkt hat. Und das hat mit dem Kern unseres Glaubens zu tun: weil er Gottes Sohn ist!

Wie beim Gleichnis müssen wir also auch bei der Wundergeschichte versuchen, die Botschaft zwischen den Zeilen zu lesen. Wir sollten nicht so lange auf das Unmögliche schauen, das auf einmal möglich wird, sondern lernen, mit den Augen des Herzens zu sehen. Das sind auch die Augen des Glaubens. Denn nur dann können wir entdecken, was das wirkliche Wunder ist: Gottes Liebe, die in Jesus Hände und Füße bekommen hat, ein Gesicht und ein Herz. Warum sollte das nicht auch bei dir und mir passieren können?

Jesus ist übrigens nicht der Einzige, von dem erzählt wird, dass er Wunder wirken konnte. Denk zum Beispiel mal an Mose, der das Schilfmeer teilte, so dass sein Volk trockenen Fußes in die Freiheit ziehen konnte. Oder an die vielen Heiligen, von denen erzählt wird, dass sie Menschen heilten oder ihnen Gutes taten. Übrigens: Wenn jemand von der Kirche heiliggesprochen werden soll, müssen ihm mindestens zwei wundersame Heilungen zugeschrieben werden.

Stimmt es, dass Jesus reiche Leute nicht leiden konnte?

Im Neuen Testament kann man oft lesen, dass Jesus sich besonders der Armen angenommen hat. Heißt das umgekehrt, dass er für Reiche nichts übrighatte? Ich denke nein. Jesus hatte auch Freunde, die reich waren. Zachäus zum Beispiel, der als Zöllner jahrelang Menschen betrogen hat und gar nicht wusste, wohin mit seinem vielen Geld.

Jesus schaute nicht darauf, wie viel Geld jemand hatte, sondern er sah aufs Herz der Menschen. Und Zachäus war davon so berührt, dass er einfach die Hälfte von dem verschenkte, was er hatte. Für Jesus war jeder Mensch gleich wichtig, egal, ob arm oder reich. Womit er allerdings Schwierigkeiten hatte, war die Tatsache, dass einige Reiche nicht bereit waren, ihren Überfluss mit denen zu teilen, die viel weniger hatten.

Deshalb hat er sie auch mehrmals gewarnt und sie dringend aufgerufen, sich zu bekehren, wenn sie eine Chance haben wollten, ins Reich Gottes zu kommen. „Weh euch, die ihr reich seid!", sagte er zu ihnen (Lukas 6,24). Nicht um sie zu verurteilen, sondern um ihnen die Augen zu öffnen für das Wichtigste im Leben: die Liebe Gottes.

Warum wurde Jesus gekreuzigt?

Weil er nicht schweigen konnte. „Aber damit hat er doch keinem wehgetan!", höre ich dich jetzt denken. Das stimmt. Wo Jesus auch hinkam, er holte überall das Gute aus den Menschen heraus. Aber eins nahmen die Menschen ihm übel: Er nahm es nicht so genau mit dem Gesetz des Mose; die Menschen waren ihm wichtiger als das blinde Befolgen von Regeln und Vorschriften.

Deshalb wollten die Pharisäer und Schriftgelehrten Jesus loswerden. Sie fürchteten, eines Tages ihre Macht und ihr Ansehen zu verlieren. Das trauten sie sich natürlich nicht einfach so zu sagen, aber wer zwischen den Zeilen lesen kann, für den ist das mehr als deutlich. Sie sahen in Jesus eine Bedrohung ihrer Macht. Darum wollten sie ihn aus dem Weg räumen – koste es, was es wolle.

Im Prozess gegen Jesus spielten die Pharisäer allerdings eine zwiespältige Rolle. Vor Kajaphas, der damals Hoherpriester und Vorsitzender des Hohen Rats war, spielten sie die „religiöse Karte" (Matthäus 26,57-68): Sie beschuldigten Jesus, Gott zu lästern, weil er sich als Gottes Sohn bezeichnete. Darauf stand die Todesstrafe.

Gegenüber den Römern, die zur Zeit Jesu in Jerusalem herrschten, spielten sie die „politische Karte" (Lukas 23,1-25): Jesus sei ein Aufständischer und sein einziges Ziel die Revolution gegen die römischen Besatzer. Pilatus, der römische Statthalter, sagte, dass er an Jesus keine Schuld finden könne. Aber die Schriftgelehrten und die Ältesten des Volkes bedrängten ihn. „Kreuzige ihn, kreuzige ihn!", riefen sie. Ihre Rufe gaben den Ausschlag: Pilatus entschied, dass Jesus gekreuzigt werden sollte.

Wusste Jesus vorher, dass Judas ihn verraten würde?

Vermutlich nicht. Judas war immerhin einer der zwölf Apostel. Er hatte viel aufgegeben, um Jesus nachzufolgen. Erst am Ende muss Jesus gemerkt haben, dass Judas in seinem Herzen nicht mehr an ihn glaubte.

Johannes hat das in seiner Beschreibung des letzten Abendmahls deutlich gemacht (Johannes 13,1-30). In einem Moment deutet Jesus an, dass Judas ihn verraten wird: „Der ist es, dem ich den Bissen Brot, den ich eintauche, geben werde. Dann tauchte er das Brot ein, nahm es und gab es Judas, dem Sohn des Simon Iskariot." (Johannes 13,26)

„Warum ist Jesus dann nicht geflohen?", fragst du dich jetzt wahrscheinlich. Nun, Jesus wollte nicht fliehen. Er wusste, dass sein Vater ihn niemals im Stich lassen würde. Aber er wusste auch, dass er noch viel würde leiden müssen, bevor er endgültig zu Gott nach Hause kommen würde. Und er schrak nicht davor zurück, seinen Weg bis zum Ende zu gehen.

Warum verteidigte Jesus sich nicht, als man ihn kreuzigen wollte?

Weil er auf Gewalt nie mit Gewalt antworten wollte. Schließlich hatte er einmal gesagt: „Wenn dich einer auf die rechte Wange schlägt, dann halt ihm auch noch die andere hin." (Matthäus 5,39)

Diesem Grundsatz blieb Jesus selbst treu. Als er gefangen genommen wird, scheint es einen Moment so, als sollten die Dinge doch noch anders laufen: Simon Petrus zieht sein Schwert und schlägt dem Knecht des Hohenpriesters ein Ohr ab. Aber auch da bleibt Jesus ruhig und sagt, dass Gewalt nie eine gute Lösung ist.

Jesus wusste, dass er sein eigenes Leben hingeben musste, um dem Reich Gottes endgültig zum Durchbruch zu verhelfen. „Das ist der Auftrag, den ich von meinem Vater erhalten habe", sagt er. Er war zutiefst davon überzeugt, dass nur durch die freiwillige Hingabe seines Lebens eine neue Welt entstehen könnte, in der die Liebe und nicht die Gewalt das letzte Wort haben würde.

Wie sieht das bei dir aus? Wie weit traust du dich, in deiner Liebe zu Gott zu gehen?

Was meint man, wenn man sagt, dass Jesus der Erlöser ist?

Eine schwierige Frage ... Denn wovon erlöst uns Jesus? Vom Bösen und vom Tod, sagt die Kirche. Aber was heißt das? Und wie macht Jesus das?

Dass Jesus uns vom Bösen erlöst, ist noch ganz gut zu verstehen. Denn überall, wo er hinkam, versuchte er, das Gute in den Menschen zu sehen. Sogar als sie ihn zum Tod am Kreuz verurteilten, gab er der Liebe das letzte Wort. Durch seine unendliche Güte überwand er das Böse. Das tut er auch heute noch in Menschen, die in seinem Namen versuchen zu leben und zu lieben.

Dass Jesus uns vom Tod erlöst, ist schwieriger zu verstehen. Denn wenn das stimmt, wieso müssen manche Menschen dann sehr jung sterben? Die entscheidende Frage dabei ist, ob der Tod wirklich das Ende ist. Manchmal ist das einfacher gesagt als getan, aber dennoch ... Durch seine Auferstehung hat Jesus deutlich gemacht, dass der Tod nicht das Ende ist, sondern nur der Übergang ins ewige Leben. Wer das glauben kann, wird dem Tod ohne Angst in die Augen schauen können.

Aber was denkst du selbst darüber? Glaubst du an das ewige Leben? Oder denkst du, dass mit dem Tod *alles* vorbei ist? Was ist dann mit der Liebe, die Menschen gegeben haben? Endet die dann auch? Ich denke nicht. Denn die Liebe stirbt nie. Und deshalb glaube ich auch, dass liebe Menschen niemals sterben werden.

Jesus war Jude. Warum sind wir dann Christen?

Jesus war tatsächlich Jude. Und die ersten Christen waren das auch. Um Jesus gut zu verstehen, darfst du ihn deshalb nicht losgelöst sehen von der jüdischen Tradition. Jesus stellt sich schließlich selbst in eine Linie mit den großen Figuren des Judentums.

Denk nur mal an die Geschichte aus dem Neuen Testament, wo berichtet wird, wie er Petrus, Johannes und Jakobus mitnimmt auf den Berg Tabor, um dort zu beten (Lukas 9,28-36). Plötzlich erscheinen zwei Männer, die ein Gespräch mit Jesus anfangen. Es sind Mose und Elija, zwei der wichtigsten Personen aus dem Alten Testament, also aus der Geschichte des jüdischen Volkes.

Jesus wollte eigentlich keine neue Religion gründen. Er wollte das Judentum von innen auf seinen Kern zurückführen: auf den Glauben an einen barmherzigen Gott. Doch die meisten Juden wollten nicht auf ihn hören. Sie hatten schon so viele falsche Propheten erlebt, die behaupteten, im Namen Gottes aufzutreten, und die Menschen schließlich enttäuschten. Jesus war für sie auch so einer.

Nach der Auferstehung Jesu ließen sich einige seiner Freunde nicht vom Glauben an ihn abbringen. Sie wurden schon bald wegen dieses Glaubens verfolgt. Stefanus, einer der ersten Jünger, wurde sogar gesteinigt. Dennoch schlossen sich immer mehr Menschen der Bewegung um Jesus an. Und so entstand eine eigene Gruppe aus Juden und Nichtjuden, die mit ihrem ganzen Herzen an Jesu Botschaft glaubten. In Antiochien nannte man sie um das Jahr 70 dann das erste Mal „Christen", „Schüler von Christus". Heute ist das Christentum sogar die größte Religion der Welt.

Wie kann Jesus mein Freund sein? Ich sehe ihn doch gar nicht!

Jesus ist ein ganz besonderer Freund. Man sieht ihn tatsächlich fast nie, aber er ist immer da! Denn er wohnt im Herzen der Menschen, die an ihn glauben und versuchen, ihn zu lieben. Aber wie alle guten Freunde drängt Jesus sich nicht auf. Du musst also nicht sein Freund sein, wenn du nicht möchtest. Willst du es doch, wird er Freude und Leid mit dir teilen. Und er wird immer da sein, wenn du ihm etwas anvertrauen möchtest.

Die Freundschaft mit Jesus wird dein Leben auch komplett auf den Kopf stellen. Das haben unzählige Frauen und Männer erlebt. „Hätte ich Jesus nicht kennen gelernt, hätte mein ganzes Leben anders ausgesehen!", hört man oft. Ich denke zum Beispiel an Franz von Assisi oder Mutter Teresa. Aber es gibt noch viele, viele andere. Kennst du auch Menschen, die sich Freunde von Jesus nennen? Und hast du mit ihnen mal darüber gesprochen, was diese Freundschaft für sie bedeutet?

Oder bleibt das alles für dich noch ganz ungewiss und weißt du nicht, was du eigentlich davon halten sollst? Dann stell dir einfach mal vor, dass ich völlig verrückt auf Schokolade bin. Wie kann ich dir zeigen, dass Schokolade lecker ist? Nur, indem ich dich probieren lasse! Und wie kann ich dir zeigen, was die Freundschaft zu Jesus für mich bedeutet? Nur, indem ich dich erfahren lasse, wie glücklich mich diese Freundschaft macht. Vielleicht entdeckst du dann, dass Jesus auch dein Freund sein möchte.

Was war so besonders an der Liebe Jesu?

Was mich an Jesus so anspricht, ist, dass er nicht nur schöne Sachen erzählte, sondern auch tat, was er sagte. „Es gibt keine größere Liebe, als wenn einer sein Leben für seine Freunde hingibt", sagte er einmal (Johannes 15,13). Und dann starb er am Kreuz und machte seine Worte wahr. Er ließ es nicht bei frommen Versprechen oder schönen Träumen. Er war bereit, den Preis zu bezahlen – sogar, wenn es um sein eigenes Leben ging.

Jesus machte keinen Unterschied zwischen den Menschen. Er sah jeden als Kind Gottes und damit als wert, geliebt zu werden. Arme und Reiche, Kranke und Gesunde, Männer und Frauen, Kinder und Erwachsene, Juden und Heiden – jeder war ihm willkommen.

Woher er seine Liebe nahm, weiß ich nicht, aber er hatte immer ein ermutigendes Wort für die Menschen. Keiner klopfte vergebens bei ihm an. Denk nur an die vielen Kranken, die er geheilt hat, oder an die Menschen, die durch ihn wieder ein bisschen Hoffnung in ihrem Leben gefunden haben.

Das Besondere an der Liebe Jesu war, dass er sie niemals an irgendwelche Bedingungen knüpfte. Er versuchte, jeden zu lieben, den er traf. Warum? Weil er so erfüllt war von der Liebe seines Vaters. Er konnte gar nicht anders. Von Kopf bis Fuß fühlte er sich von Gott geliebt. Und diese Liebe wollte er einfach weitergeben, weil er wusste, dass Liebe, die geteilt wird, nur wachsen kann.

Warum ist Jesus noch nicht auf die Erde zurückgekehrt?

In der Eucharistiefeier beten wir nach der Wandlung, dass wir glauben, dass Jesus eines Tages wiederkehren wird: „Deinen Tod, o Herr, verkünden wir, und deine Auferstehung preisen wir, bis du kommst in Herrlichkeit." Aber wie kommt es dann, dass das noch nicht passiert ist? Dass wir noch immer auf seine Wiederkunft warten?

Ganz einfach: Jesus ist aus Respekt vor uns noch nicht zurückgekehrt. Er vertraut darauf, dass wir sein Werk fortsetzen und seinen Traum von einer besseren Welt in die Tat umsetzen. Schließlich hat er selbst einmal gesagt: „Es ist gut für euch, dass ich gehe. Denn ihr selbst werdet noch viel größere Dinge tun."

Wenn wir so leben, wie Gott möchte und wie es im Evangelium steht, kommt Jesus eigentlich durch uns und in uns zurück auf die Erde. Denk mal an die Heiligen oder an Mutter Teresa. Durch ihre Liebe und ihre Sorge um die Armen und Sterbenden ließ sie diese erfahren, wer Jesus für sie sein wollte. Deshalb liebten die Menschen Mutter Teresa so sehr, und deshalb waren sie auch so traurig, als sie starb. In wem erkennst du etwas von Jesus? Und: Können andere auch etwas von ihm in dir erkennen?

Aber wird Jesus denn nie auf die Erde zurückkehren? Doch, schon. „Am Ende der Zeiten", sagt die Kirche. Wann das sein wird, wissen wir nicht. Aber wir können uns darauf vorbereiten, indem wir beten und lieben. Denn irgendwann kommt der Tag, an dem wir Jesus wirklich begegnen. Allerdings: Wenn wir ihm noch nie in unseren Mitmenschen begegnet sind, werden wir ihn auch dann nicht erkennen.

Einmal Himmel und zurück, bitte!

Auferstehung

Ist Jesus wirklich auferstanden?

Das ist eigentlich die wichtigste Frage, die wir als Christen stellen können. „Ist aber Christus nicht auferweckt worden, dann ist unser Glaube sinnlos", sagt der Apostel Paulus (1 Korinther 15,14). Mit der Auferstehung Jesu steht und fällt also unser ganzer christlicher Glaube. Zum Glück beruhigt Paulus uns auch. Denn für ihn steht fest, dass Christus als Erster von den Toten auferweckt wurde.

Durch seine Auferstehung hat Jesus deutlich gemacht, dass die Liebe Gottes stärker ist als der Tod. Gott ist schließlich kein Gott der Toten, sondern ein Gott der Lebenden! Gott will nicht, dass Menschen sterben. Er hat uns geschaffen, damit wir leben.

Warum? Weil er ganz und gar Liebe ist und diese Liebe über die Grenzen von Raum und Zeit hinweg mit uns teilen möchte. Durch seine Auferstehung richtet Jesus den Blick vom irdischen aufs himmlische Leben und zeigt uns, was das Allerwichtigste ist: dass wir eines Tages für immer zum Vater nach Hause kommen dürfen.

Es ist unsere tiefste Berufung, auch irgendwann aufzuerstehen und neues, ewiges Leben bei Gott zu finden. Jesus hat uns das vorgemacht, und wir dürfen ihm folgen. Dafür gibt es nur eine Bedingung: dass wir versuchen, unendlich zu lieben. Denn nur dann wird Gott uns unendlich lieb haben. Bist du dazu bereit?

Können wir auch auferstehen?

In der vorigen Frage konntest du schon lesen, dass es die tiefste Berufung jedes Christen ist, eines Tages aufzuerstehen. Aber als Christen sind wir eigentlich schon auferstanden. Denn durch die Taufe haben wir jetzt schon Anteil an der himmlischen Liebe des Vaters. Und unsere Auferstehung wird nur eine logische Folge unseres Lebens sein. Weil wir nun mal Menschen sind, müssen wir auch sterben. Aber unser Tod wird zugleich eine neue Geburt sein – und der Beginn des neuen und ewigen Lebens bei Gott.

Jedes Jahr feiern wir zu Ostern nicht nur die Auferstehung Jesu, sondern auch unsere Auferstehung. Hoffentlich merkt man uns das auch an! Denn wer Ostern gefeiert hat, sollte ein anderer Mensch sein, ein „Auferstehungsmensch", in dessen Leben die Liebe Gottes das letzte Wort hat.

Große Heilige wie Franziskus und Augustinus haben uns das vorgelebt. Sie lebten unter den Menschen, und ihr Herz war ganz dicht bei Gott. Und durch das, was sie sagten und taten, wurde das kleine Stück Erde, auf dem sie lebten, dem Himmel ein bisschen ähnlicher. Wie sieht das bei dir aus?

Auferstehung

Warum ist Jesus erst nach drei Tagen auferstanden?

Eigentlich wissen wir nicht, wann Jesus genau auferstanden ist. Das Einzige, was wir wissen, ist, dass seine Jünger nach seinem Tod ganz klar merkten, dass er weiterlebte. Dennoch hatten sie es nicht so leicht. Aus Angst um ihr Leben hatten sie sich in den Saal zurückgezogen, wo sie mit Jesus zum letzten Mal gegessen hatten. Und eines Tages fühlten sie in sich eine Kraft, die sie nach draußen drängte und ihnen den Mut gab, überall und jedem von Jesus zu erzählen. Für sie war er nicht tot. Er lebte! Und das wollten sie von den Dächern rufen, so laut sie konnten.

Und was ist jetzt mit den drei Tagen? Das ist eine andere Geschichte. In der Bibel kann ein Tag immer auch eine längere Zeitspanne sein. Der erste und der zweite Tag stehen dann für die Zeit des Menschen. Der dritte Tag ist der Tag Gottes. Das ist der Moment, in dem Gott sich den Menschen zeigt und sie spüren lässt, dass er sie nie im Stich lässt.

Dass Jesus auferstanden ist, heißt, dass er nach seinem Tod weiterlebte. Dass er am dritten Tage auferstanden ist, heißt, dass er bei Gott weiterlebte. Die Zeitangabe „am dritten Tage" ist also ein Hinweis auf die besondere Liebe Jesu zu Gott und Gottes große Liebe zu Jesus. Ohne diese Liebe wäre Jesus schließlich niemals auferstanden – und wir hätten nie etwas von ihm gehört!

Warum ist Jesus nach der Auferstehung nicht allen erschienen?

Weil nicht alle darauf gewartet haben! Eine ganze Menge Menschen hätten es sowieso nicht geglaubt. Die Schriftgelehrten und Pharisäer zum Beispiel. Sie waren froh, dass Jesus aus dem Weg geräumt war, und für sie war das Kapitel damit ein für allemal abgeschlossen. Sie konnten sich im Traum nicht vorstellen, dass der Tod für Jesus nicht das Ende gewesen wäre.

Für die Jünger sah das schon anders aus. Als Jesus verurteilt und dann gekreuzigt wurde, dachten sie auch, alles wäre vorbei. Doch brannte in ihren Herzen noch ein kleines Hoffnungsflämmchen. Als Jesus sie dann nach seiner Auferstehung besuchte, fühlten sie, dass sie auf dem richtigen Weg gewesen waren und ihr Glaube an ihn doch Sinn hatte. Und von diesem Moment an waren sie so glücklich, dass sie ihn nicht mehr verschweigen konnten.

Was feiern wir an Christi Himmelfahrt und Pfingsten?

An Christi Himmelfahrt – genau vierzig Tage nach Ostern – feiern wir, dass Jesus in den Himmel aufgefahren ist, um für immer bei Gott zu sein. Nach seiner Auferstehung hat er versucht, seinen Jüngern deutlich zu machen, dass er lebt. Er hat sie gesegnet und ausgesandt, die Frohe Botschaft zu verkünden. Nun kehrt er zurück zu seinem Vater. Sein Werk auf Erden ist vollbracht und wird von seinen Jüngern fortgeführt. Lässt Jesus sie allein? Nein. Er verspricht ihnen seinen Geist, der ihnen die Kraft geben wird, für ihn und für Gott Zeugnis abzulegen.

Den Geist erhalten die Jünger an Pfingsten, fünfzig Tage nach Ostern. Zusammen mit Maria, der Mutter Jesu, und seinen Brüdern sitzen sie in einem Saal in Jerusalem zusammen, um zu beten und Gott zu danken. Plötzlich erscheint ihnen etwas, das wie Feuer ist und sich auf jedem von ihnen niederlässt. Es ist der Geist Gottes, der sie be-*geist*-ert dafür, die Botschaft des Evangeliums voll Freude zu verkünden.

Christi Himmelfahrt feiern wir also vierzig Tage nach Ostern, Pfingsten noch einmal zehn Tage später. Ob diese Zeiträume dem entsprechen, wie es zur Zeit Jesu passiert ist, wissen wir nicht. Manche Gelehrte meinen sogar, dass Ostern, Himmelfahrt und Pfingsten sich am gleichen Tag ereignet haben.

Ist Jesus wirklich „in den Himmel aufgefahren"?

Im Glaubensbekenntnis bekennen wir, dass Jesus „in den Himmel aufgefahren" ist und dort „zur Rechten Gottes, des allmächtigen Vaters" sitzt. Das darf man sich natürlich nicht so vorstellen, als ob Jesus den Aufzug genommen hätte oder eine sehr lange Leiter hochgestiegen wäre, bis er bei seinem Vater ankam. Wir wissen schließlich nicht, wo der Himmel ist. Wenn wir sagen, dass Jesus in den Himmel aufgefahren ist, drücken wir damit aus, dass er bei Gott, seinem Vater, ist und von dort aus für uns sorgt.

Wie können wir uns den Himmel dann vorstellen? Ist er eine unbekannte Milchstraße? Oder nur ein Traum der Menschen, in dem wir uns Gott als alten Mann auf einer weißen Wolke vorstellen? Mir scheint keine einzige Vorstellung wirklich zu passen. Worte und Bilder reichen sowieso nie aus, um etwas über Gott zu sagen. Dennoch glaube ich, dass man vom Himmel sprechen kann – überall dort, wo Menschen Gott in ihren Herzen wohnen lassen.

Wenn wir bekennen, dass Jesus „in den Himmel aufgefahren" ist, sagen wir also, dass Jesus bei Gott zu Hause ist. Und weil Gott überall ist, ist der Himmel auch überall – und Jesus auch. Manchmal sieht man das nicht, weil die Menschen in ihrem Herzen keinen Platz für Gott machen. Hoffentlich versuchst du das!

Was bedeutet die Osterkerze?

Die Osterkerze verweist auf das Licht des auferstandenen Jesus. Jedes Jahr wird sie in der Osternacht vom Priester gesegnet und angezündet, meist hinten in der Kirche oder auch davor. Alle anderen Lichter sind aus, und der Priester geht langsam mit der brennenden Osterkerze nach vorn – als Quelle des Lichts in der dunklen Nacht. Ist er vorn angekommen, geben die Messdiener das Licht der Osterkerze an alle Menschen in der Kirche weiter. So kann jeder an der Freude über die Auferstehung Jesu teilhaben.

Bis zum Pfingstfest wird die Osterkerze dann in jeder Messe angezündet. Damit wird ausgedrückt, dass der auferstandene Jesus auf besondere Weise in der Gemeinschaft der Christen anwesend ist. Nach Pfingsten wird die Osterkerze noch bei Taufen und Begräbnissen benutzt, und meist auch bei Hochzeiten. Denn Jesus möchte uns an diesen wichtigen Momenten ganz nahe sein. Dafür ist das Licht der Osterkerze ein Zeichen.

Meist ist die Osterkerze auch schön verziert. Oft mit einem Bild des auferstandenen Jesus, darunter die Jahreszahl und der erste und letzte Buchstabe des griechischen Alphabets: Alpha und Omega. Diese Buchstaben drücken aus, dass Jesus der Beginn und das Ende von allem ist, der Ewige.

Was ist eigentlich der Tod?

Wenn du diese Frage einem Arzt stellst, dann wirst du sehen, dass sogar er keine eindeutige Antwort geben kann. Ist man tot, wenn man nicht mehr atmet? Oder wenn das Gehirn nicht mehr reagiert? Oder erst, wenn das Herz nicht mehr schlägt? Wir wissen aber sicher, dass jeder Mensch irgendwann einmal stirbt. Der Tod gehört schließlich zum Leben.

Das heißt natürlich nicht, dass die Menschen gern sterben. Und es heißt auch nicht, dass sie sich freuen, wenn andere sterben. Deshalb wird auch so viel geweint, wenn jemand gestorben ist. Jemanden loslassen, den man sehr gern hatte, tut schließlich sehr weh. Endgültig Abschied zu nehmen, ist niemals einfach.

Dennoch erfahren Christen den Tod nicht als Endpunkt, sondern eher als „Komma". Wie ein Satz nach einem Komma weitergeht, so glauben die Christen, dass das Leben nach dem Tod weitergeht.

Wie Jesus nach seinem Tod am Kreuz auferstanden ist und bei Gott weiterlebt, so glauben Menschen, die auf seinen Spuren gehen, dass sie nach dem Tod neu geboren werden — zu einem Leben ganz nah bei Gott.

Warum leben wir?

jenseits

Was ist der Sinn des Lebens, wenn man doch weiß, dass man früher oder später sowieso sterben muss? Schon wieder so eine schwierige Frage! Und doch wird sie ganz oft gestellt. Hast du schon mal darüber nachgedacht? Oder hat deine Lehrerin oder dein Lehrer schon mal darüber gesprochen? Und ist es dir etwas klarer geworden? Vermutlich nicht. Die Frage nach dem Sinn des Lebens ist schließlich eine der schwierigsten Fragen, die Menschen sich stellen können.

Und doch ist sie sehr wichtig. Denn wenn du dich nie fragst, warum du eigentlich lebst, bleibt dein ganzes Leben sehr oberflächlich. Darum haben sich auch die Christen zu allen Zeiten diese Frage gestellt. Ein Element kam in ihren Antworten immer wieder vor: „Weil Gott uns geschaffen hat". Ursprung und Sinn unseres Lebens liegen also ganz dicht beieinander: in der Liebe Gottes.

Unsere Eltern haben diese Liebe sichtbar gemacht, indem sie uns auf die Welt haben kommen lassen. Wenn wir älter werden, liegt es an uns, auch die Liebe zu zeigen. Zum Beispiel in unserer Freundschaft zueinander. Oder in unserer Sorge für die Armen und Kranken. Als Christen können wir nie für uns selbst leben. Denn unser Leben hat nur Sinn, wenn wir uns trauen, die Menschen mit ganzen Herzem zu lieben, wie Jesus das getan hat. Machst du mit?

Gibt es so etwas wie das ewige Leben?

Ja! Als Christen glauben wir, dass der Tod nie das letzte Wort hat und dass wir nach unserem Leben auf der Erde für immer bei Gott weiterleben dürfen. Durch die Auferstehung Jesu sind wir da sogar ganz sicher. Eigentlich ist das auch logisch. Denn wie sollen wir glauben, dass Gott uns liebt, wenn die Liebe mit unserem Tod einfach zu Ende sein soll?

Das „ewige Leben" ist also gar nicht so verschieden vom Leben „hier und jetzt". Der einzige Unterschied ist, dass wir die Liebe Gottes viel intensiver erfahren werden, weil wir Gott dann ganz nah begegnen werden. Jetzt ist das auch ab und zu möglich, zum Beispiel, wenn man betet. Aber später wird unser ganzes Leben Gebet sein.

Müssen wir darum hoffen, dass unser Leben hier auf der Erde so schnell wie möglich vorbei ist? Nein! Denn das „ewige Leben" hat eigentlich schon mit unserer Geburt angefangen – und schon lange davor. Gottes Liebe kennt keine Zeit. Deshalb dürfen wir uns jeden Tag von Gott geliebt wissen. Wenn das keine gute Neuigkeit ist ...

Was ist die Seele?

Jenseits

Manchmal denken die Menschen, dass die Seele dasselbe ist wie das Herz. Aber das stimmt nicht ganz. Denn die Seele ist kein Körperteil oder Organ. Sie macht den Kern jedes Menschen aus. Die Tatsache, dass der Mensch eine Seele hat, unterscheidet ihn zum Beispiel von Pflanzen und Tieren und macht ihn zu einem freien Wesen, das lieben und denken kann.

Christen glauben, dass die Seele ein Geschenk Gottes ist, das er nur dem Menschen gemacht hat. Deshalb steht in der Schöpfungsgeschichte, dass Gott den Menschen nach seinem Abbild geschaffen hat. Von den Pflanzen und Tieren wird das nicht gesagt.

Der sechste Tag war der Einzige, an dem Gott die Welt anschaute und sah, dass sie *sehr* schön war.

Würde Gott das auch jetzt noch sagen? Er sieht doch, dass seine Schöpfung von vielen Menschen missbraucht wird und dass Menschen einander hassen, statt sich zu lieben. Natürlich sieht Gott das. Aber das ist die Folge der Freiheit, die Gott in unsere Seele gelegt hat. Deshalb können wir uns auch für das Schlechte entscheiden und nicht nur für das Gute. Wofür entscheidest du dich?

Wie muss ich mir den Himmel vorstellen?

Das kann niemand sagen. Denn vom Himmel ist noch keiner zurückgekehrt, um uns zu sagen, was er dort gesehen hat. Wissen wir also wirklich nichts darüber, wie es dort aussieht? Doch, schon. Im Evangelium spricht Jesus oft über den Himmel. Er nennt ihn das „Reich Gottes" oder das „Himmelreich", was eigentlich auf das Gleiche herauskommt.

Denk zum Beispiel mal an die Seligpreisungen im fünften Kapitel des Matthäusevangeliums. Jesus preist da unter anderem die Armen und die Barmherzigen selig, weil er sicher ist, dass sie später in den Himmel kommen werden. „Selig, die ein reines Herz haben, denn sie werden Gott schauen", sagt Jesus, und: „Selig die Trauernden, denn sie werden getröstet werden."

Dass der Himmel für Jesus wichtig ist, wird später im Evangelium deutlich. Er erzählt dort, dass das Himmelreich einem Schatz gleicht, der in einem Acker verborgen liegt. Als jemand den Schatz findet, verkauft er alles, was er hat, um den Acker zu kaufen. Würdest du das auch tun?

Leben alle Menschen, die gestorben sind, im Himmel?

Nein. Denn Gott verpflichtet niemanden, nach dem Tod bei ihm zu leben. Er wünscht es sich allerdings schon. Aber seine Liebe zu den Menschen ist so groß, dass er es jedem freistellt. Und wenn Menschen sagen, dass sie lieber nicht bei ihm wohnen möchten, wird er sie bestimmt nicht zwingen.

Lebt denn jeder, der will, bei Gott? Ja – aber unter einer Bedingung: dass er Gottes Frage, ob er geliebt hat, bejahen kann. Denn Gott interessiert sich nicht dafür, was wir geleistet haben oder wie reich wir gewesen sind. Das Einzige, das er uns an der Tür zum Himmel fragen wird, ist, ob wir unsere Mitmenschen geliebt haben.

Und wenn wir dann „Nein" sagen müssen? Ich weiß nicht, ob das geht! Denn jeder Mensch liebt doch irgendjemanden, wenn auch vielleicht nur ein kleines bisschen. Aber auch wenn jemand nicht geliebt hat, ist das für Gott kein Grund, ihn nicht in den Himmel zu lassen. Er ist ja auch der vergebende Gott. Deshalb werden wir im Himmel auch Menschen treffen, die wir hier auf der Erde nicht gemocht haben. Hoffentlich ist das Herz von uns Menschen dann so eins geworden mit Gott, dass wir uns trotz allem bekehren können!

Was ist das – „auferstehen"? Und kann man sich den Himmel verdienen?

Manche Menschen denken, dass man nach dem Tod in anderer Gestalt auf die Erde zurückkommt. Dafür gibt es ein schwieriges Wort: Reinkarnation, zu Deutsch: Wiederverkörperung. Auferstehung heißt etwas ganz anderes. Da kommt man nicht zurück, sondern es beginnt ein neues Leben im Himmel, nahe bei Gott – eine Art Krönung des Lebens auf der Erde.

Haben wir daran selbst irgendeinen Verdienst? Nein! Wenn wir auferstehen dürfen, haben wir das Gott allein zu verdanken. Den Himmel können wir uns also nicht verdienen. Das wäre auch seltsam! Denn dann würde von der reinen Liebe Gottes nicht viel übrig bleiben. Und warum sollten wir dann an Gott glauben?

Wenn wir nach unserem Tod also auferstehen und ein neues, ewiges Leben bei Gott beginnen dürfen, dann geschieht das, weil Gott uns so sehr liebt, dass er uns nie alleinlassen will. Natürlich sind wir frei, und wir können uns darauf einlassen oder auch nicht. Aber eins dürfen wir sicher wissen: Jenseits dieses Lebens wartet Gott liebevoll auf uns. Wie beruhigend!

Was passiert nach dem Tod mit uns?

Wenn wir sterben, wird unser Körper verbrannt oder begraben. Nach einer Verbrennung wird die Asche in einer Urne auf einem Friedhof beigesetzt. Dafür gibt es das so genannte Kolumbarium – eine Art Wand oder frei stehende Mauer, in deren Nischen die Urnen aufgestellt werden. Bei einer Erdbestattung wird unser Körper langsam verwesen, bis nur noch die Knochen übrig bleiben.

Aber was passiert mit unserer Seele? Das ist eine andere Geschichte. Die Seele kann nicht sterben, denn sie ist der Ort, wo Gott in uns wohnt. Wenn wir auferstehen, wird die Seele zurückkehren zu Gott, um ewig in seiner Liebe zu wohnen. Denn jetzt erfahren wir die Liebe Gottes nur gelegentlich, dann aber werden wir sie immer erfahren. Niemand wird sie uns nehmen können.

Deshalb haben Christen auch keine Angst vor dem Tod. Manchmal haben sie Angst vor dem Schmerz, der zum Tod gehören kann. Das ist auch ganz normal. Aber sie glauben, dass sie nach ihrem Tod für immer nach Hause kommen dürfen – zur Liebe des Vaters.

Manche Menschen nennen den Tod eine neue oder zweite Geburt. Sie glauben, dass wir im Moment des Todes neu geboren werden, wenn unser Leben im Himmel beginnt.

Dürfen Nichtchristen auch in den Himmel?

Gott lädt jeden in den Himmel ein! Ob jemand hineindarf, hängt also nicht von Gott ab. Manche Menschen schließen sich aber selbst aus oder wollen einfach nicht in den Himmel. In einem sehr schönen Gleichnis im Matthäusevangelium (22,1-14) hat Jesus das erklärt.

Er vergleicht das Himmelreich darin mit einem König, der die Hochzeit seines Sohnes vorbereitet. Das ist eigentlich ein Bild für Gott, der alle Menschen mit Jesus zusammenbringen möchte. Aber es passiert etwas Unerwartetes: Keiner der eingeladenen Gäste möchte zum Hochzeitsfest kommen! Da wird der König zornig. Er schickt seine Diener auf die Straße. Sie sollen alle einladen, die sie treffen – gute und schlechte. Und nach und nach füllt sich der Festsaal.

Ende gut, alles gut, sollte man meinen. Aber die Geschichte ist noch nicht zu Ende. Denn als der König (Gott) den Saal betritt, merkt er, dass einer der Gäste kein Hochzeitsgewand anhat. Da befiehlt er seinen Dienern, den Mann hinauszuwerfen. Was bedeutet das? Das Hochzeitsgewand ist ein Zeichen der Liebe. Nur, wenn wir auf Erden versucht haben, alle Menschen zu lieben, werden wir uns bei Gott zu Hause fühlen.

Gibt es die Hölle?

Und das Fegefeuer?

Im Neuen Testament spricht Jesus öfter vom „Gehenna", vom Feuer, das niemals erlischt. An diesen Ort sollen die Sünder nach ihrem Tod kommen – jedenfalls dann, wenn sie sich nicht bekehren wollen.

Früher dachte man, dass die Menschen in die Hölle kommen, die Böses getan hatten und das nicht bereuten. Die Hölle, so meinte man, war der Ort, wo der Teufel wohnt und die Sünder zu ihrer Bestrafung in Empfang nimmt. Heute sieht man die Hölle eher als Ort, wohin die Seele eines Menschen kommt, der sich konsequent von Gott abgewandt hat.

Das Fegefeuer kann man als eine Art „Wartezimmer" für den Himmel verstehen. Hier bleibt die Seele eines Verstorbenen eine Weile, um Buße zu tun für das, was ein Mensch auf der Erde falsch gemacht hat. Man stellt sich vor, dass dieses Feuer die Seele reinigt und dafür sorgt, dass man mit einem neuen und reinen Herzen zu Gott in den Himmel kommen kann. Es ist also eine Art Zwischenstopp auf

dem Weg von der Erde in den Himmel – für die, die sich für Gott entscheiden, deren Heiligkeit aber noch etwas wachsen muss.

Wer entscheidet denn nun, ob wir in den Himmel, in die Hölle oder ins Fegefeuer kommen? Eigentlich wir selbst. Denn wenn wir uns bewusst entscheiden, nicht an Gott zu glauben, wird Gott uns dazu nicht verpflichten. In diesem Moment entscheiden wir uns auch endgültig gegen den Himmel. Und wenn unser Herz noch nicht ganz bereit ist, Gott zu begegnen, wird er uns auch nicht zwingen, dennoch zu ihm zu kommen. Er liebt uns so sehr, dass er uns darin freie Hand lässt.

Wie ging Jesus mit Sündern um?

Ganz normal. Deshalb ärgerten sich auch viele Pharisäer und Schriftgelehrte maßlos über Jesus. Für sie waren Sünder Menschen, die durch ihre Fehler in der Vergangenheit kein Recht auf eine neue Chance oder Zukunft hatten. Sie hatten ihr Leben selbst vermasselt — nun mussten sie sehen, wie sie zurechtkamen. Selbst schuld.

Jesus sah das anders. Er weigerte sich, Menschen die Rechnung für ihre Fehler zu präsentieren. Egal, wie schlecht jemand sich verhalten hatte, bei Jesus war immer Raum für Vergebung.

Im fünfzehnten Kapitel des Lukasevangeliums kannst du zu diesem Thema drei schöne Gleichnisse lesen: über das verlorene Schaf, die verlorene Drachme (ein Geldstück) und über den verlorenen Sohn. Alle drei Gleichnisse handeln von der Freude, die sich einstellt, wenn ein Sünder sich bekehrt. Die Barmherzigkeit des Vaters im letzten Gleichnis steht für die Barmherzigkeit Gottes, der immer die Hoffnung behält, dass Menschen ihre Fehler einsehen. Er wartet auf sie, um ihnen zu vergeben.

Wie der Vater, so der Sohn, muss Jesus gedacht haben. In seinem Umgang mit Menschen versuchte er, die Barmherzigkeit Gottes zu übersetzen und erfahrbar zu machen. Deshalb bekamen Sünder bei ihm eine neue Chance. Wenn nötig, sogar sieben mal siebzigmal, das heißt immer.

Verzeiht Gott denen, die Menschen töten?

Jeden Tag siehst du im Fernsehen oder liest in der Zeitung, dass Menschen andere Menschen umbringen. Du erfährst, dass ein Mann seine Frau und seine Kinder in der Wohnung ermordet. Du hörst, dass ein Schüler mit dem Gewehr seines Vaters seine Klassenlehrerin erschießt.

Das sind schreckliche Nachrichten. Denn wenn ein Mensch einen anderen tötet, lässt sich das nie wieder ungeschehen machen. Ein Leben wird beendet, für immer zerstört. Zurück bleiben traurige und verzweifelte Angehörige. Kann – wird – Gott dem Mörder verzeihen?

Man hätte große Lust, auf diese Frage mit „Nein, bestimmt nicht!" zu antworten. Denn wir sehnen uns nach Gerechtigkeit. Wenn einer es gewagt hat, ein Menschenleben auszulöschen, dann hat er es in unseren Augen auch verdient, dass Gott ihn für immer abweist. Oder etwa nicht?

Trotzdem glaube ich, dass Gott sich nicht so verhält, wie sich das viele Menschen vielleicht wünschen. Gottes Liebe und Güte – so sagt die Bibel – sind unendlich groß, auf jeden Fall größer, als wir sie uns vorstellen können. Und deshalb verzeiht Gott ganz sicher jedem, der getötet hat und ihn um Verzeihung bittet.

Mörder haben sich von Gott entfernt und keine Liebe mehr im Herzen. Das ist sehr traurig. Aber Gott gibt auch diesen Menschen die Möglichkeit, dass sie zu ihm zurückfinden, wenn sie es wollen.

Haben wir mehr als ein Leben?

Manche Leute glauben, ja. Hindus und Buddhisten zum Beispiel. Sie sind überzeugt davon, dass jeder Mensch mehrere Leben hat, um ins Jenseits zu gelangen. Wir würden das „den Himmel" nennen.

Diese Leute glauben auch, dass der Mensch es in der Hand hat, ob und wann er ins Jenseits gelangt oder nicht. Denn wenn er gut lebt, sammelt er eine Reihe Pluspunkte. Lebt er schlecht, muss er ein paar davon wieder abgeben. Erst wenn ein Mensch genug Punkte gesammelt hat, erhält er Zugang zum Jenseits. In einem einzigen Leben kann das gar nicht gelingen. Deshalb hat man nach dieser Auffassung mehrere Leben.

Christen denken anders darüber. Sie glauben nicht, dass der Mensch aus sich selbst „heilig" oder „vollkommen" werden kann. Stattdessen vertrauen sie auf die Barmherzigkeit Gottes, durch die ihre Sünden vergeben und ihre Unvollkommenheit ausgeglichen wird. Allerdings nur, wenn sie selbst das wollen! Der Glaube an Gott verträgt sich also eigentlich nicht mit dem Glauben an eine Wiedergeburt. Denn entweder vertrauen wir uns Gott an und legen unser Leben in seine Hände oder wir behalten alle Fäden selbst in der Hand. Beides zugleich geht nicht.

Als gläubiger Mensch entscheide ich mich für das Erstere. Ich tue Gott unrecht, meine ich, wenn ich mir vorstelle, dass er bei meiner Ankunft im Himmel nur schaut, ob meine Sammelkarte voll mit Punkten für gute Taten ist. Gott ist weit mehr als die Summe alles Guten. Gott ist Gott. Und wer bin ich, um an seiner Stelle zu entscheiden, ob ich nun in den Himmel darf oder nicht?

Was ist der Unterschied zwischen „einer Kirche" und „der Kirche"?

Die Kirche

Der Unterschied zwischen „einer Kirche" und „der Kirche" ist eigentlich ganz einfach. Eine Kirche gibt es in jeder Stadt und in (fast) jedem Dorf. Es gibt die Kirche in deinem Ort oder Stadtviertel, den Kölner Dom und so weiter. Aber es gibt auch „die Kirche" — das ist die Gemeinschaft der Gläubigen. In deiner Gemeinde, aber auch weltweit. Denn allein kann man nicht Christ sein. Menschen, die Jesus nachfolgen wollen, suchen Gemeinschaft miteinander. An einem Ort bilden sie eine Gemeinde, die sich in einer Kirche versammelt. All die einzelnen Gemeinden bilden zusammen die Weltkirche oder die Kirche im Allgemeinen.

Die Kirche hat ihren Ursprung im ersten Pfingstfest, als die Apostel den Geist Jesu empfingen, um seine Botschaft von Frieden und Gerechtigkeit überall zu verkünden. Am Anfang war die Kirche natürlich ganz klein. Aber in den über 2000 Jahren ihrer Geschichte wurde sie zu einer echten Weltkirche auf allen Kontinenten der Erde.

Überall haben sich im Lauf der Jahrhunderte immer wieder kleine Gemeinschaften entwickelt, in denen Menschen sich versammelten, die an die Kraft des Evangeliums und an die Liebe Gottes glaubten. Einige von ihnen sind inzwischen wieder verschwunden. Aber in Asien und Afrika zum Beispiel entstehen regelmäßig wieder neue Gemeinschaften.

Wer gehört zur Kirche? Jeder, der auf den Namen des Vaters, des Sohnes und des Heiligen Geistes getauft ist! Auf der ganzen Welt sind das im Moment etwa eine Milliarde Menschen. Aber das ist noch nicht alles. Denn zur Kirche gehören auch alle Menschen, die gestorben sind und an Gott glaubten — Heilige genauso wie Sünder!

Was ist so besonders an einem Priester?

Ein Priester ist jemand, der von Gott gerufen und vom Bischof geweiht wird, um auf besondere Weise Zeugnis abzulegen von der Botschaft des Evangeliums und der Liebe Gottes. Diese Tatsache macht ihn allerdings nicht „besonders". Denn jeder Getaufte hat den gleichen Auftrag: in Wort und Tat bei den Menschen Zeugnis abzulegen von Gottes Freundschaft. Das Zweite Vatikanische Konzil (1962–1965) hat dies das „allgemeine Priestertum" der Gläubigen genannt. Jeder, der an Gott glaubt und in seinem Namen getauft ist, ist also Priester – Männer genauso wie Frauen, Kinder wie Erwachsene.

Dennoch hat der geweihte Priester einen besonderen Platz in der Kirche. Durch seine Weihe wird er vom Bischof dazu gesandt, diesem „allgemeinen Priestertum" auf besondere Weise Gestalt zu geben. Durch den Bischof wird er „bestellt" und dazu bestimmt, in seinem Namen den Glauben weiterzugeben. Darum steht der Priester auch der Eucharistiefeier vor und spricht über Brot und Wein die gleichen Worte wie Jesus selbst: „Nehmt und esst alle davon, das ist mein Leib, der für euch hingegeben wird." Und: „Nehmt und trinkt alle daraus: Das ist der Kelch des neuen und ewigen Bundes. Mein Blut, das für alle vergossen wird."

Der Priester ist also mehr als ein Organisator, der sich um alles Mögliche kümmern muss. Er muss vor allem für die Einheit und das seelische Wohl seiner Gemeinde sorgen. Es ist seine Aufgabe, Menschen einzuladen, dass sie sich weiter für die Frohe Botschaft einsetzen, und sie darin zu unterstützen. Aus seinem Gebet heraus muss er Menschen dazu aufrufen, sich Gott anzuvertrauen. Durch seine Lebensweise sollte er zeigen, dass die Entscheidung für Gott einen Menschen sehr glücklich machen kann.

Was ist eigentlich Berufung?

Von Priestern und Ordensleuten sagt man, dass sie von Gott „berufen" sind, ihr Leben ganz in den Dienst des Evangeliums zu stellen. Wie muss man sich das vorstellen? Hören sie wirklich eine Stimme? Und wer sagt ihnen, dass das die Stimme Gottes ist? Es ist natürlich nicht so, dass sie auf einmal einen Anruf von Gott bekommen, der sie bittet, in die Fußspuren Jesu zu treten. Aber wie ist das dann?

Berufung kann man verstehen als sehr intensive Erfahrung der Anwesenheit Gottes in der Tiefe des Herzens. Eine Berufung kann man bis zu einem gewissen Grad mit dem Moment vergleichen, in dem man sich über beide Ohren in jemanden verliebt. Dann fühlt man sich so deutlich angesprochen, dass man sich im wahrsten Sinne des Wortes zueinander hingezogen fühlt. Die Anziehungskraft des anderen sorgt also dafür, dass ich mich für ihn oder sie entscheide.

Bei einer religiösen Berufung ist es die Anziehungskraft Gottes, die Menschen so überwältigt, dass ihr Leben auf einmal eine ganz neue Wendung nimmt. Am Anfang wissen manche Menschen nicht einmal, dass es Gott ist, der sie ruft. Durch intensives Gebet und Gespräche mit guten Freunden entdecken sie nach und nach, dass die Stimme in ihrem Innern, die sie ruft, echt ist – dass Gott sie tatsächlich in seinen Dienst ruft.

Warum dürfen Priester nicht heiraten?

In den ersten zehn Jahrhunderten der Kirche war von einem verpflichtenden Zölibat (Ehelosigkeit) der Priester nicht die Rede. Verheiratete Männer konnten genauso zum Priester geweiht werden wie unverheiratete. Allerdings hat man die Männer sehr bewundert, die sich freiwillig für ein eheloses Leben entschieden, um ganz verfügbar zu sein für das Reich Gottes. Das war allerdings keine Voraussetzung für die Priesterweihe.

In den ersten dreihundert Jahren waren verheiratete Priester sogar etwas ganz Normales. Erst im vierten Jahrhundert entschied sich die Kirche, den Zölibat für alle Priester zur Pflicht zu machen. Auch danach dauerte es noch mehrere Jahrhunderte, bis rechtlich eindeutig geregelt war, dass Priester unverheiratet sein mussten.

Du fragst dich jetzt vielleicht, warum das so sein muss. Die Antwort ist ein bisschen enttäuschend: Es gibt keine schlüssige Begründung dafür.

In der Bibel steht nichts über den Pflichtzölibat der Priester. Der Grund dafür, dass die Kirche ihn eingeführt hat, muss also woanders zu suchen sein. War es Angst vor allem, was mit Sexualität zu tun hat? Oder wollte man verhindern, dass kirchliches Eigentum vererbt wird und in den Besitz von Familien übergeht? Wie auch immer – Tatsache ist, dass die Kirche in einem bestimmten Moment festlegte, dass nur noch unverheiratete Männer die Priesterweihe empfangen durften.

Muss das für immer so bleiben? Nein. Denn das Gesetz über den Zölibat ist ein kirchliches Gesetz, das nicht direkt von Dingen abhängt, die Jesus gesagt hat. Und warum sollten verheiratete Männer keine guten Priester sein? Und verheiratete Frauen ...? Dennoch wird die bewusste Ehelosigkeit immer eine große symbolische Kraft haben, denn sie ist Zeichen dafür, dass jemand sein Herz ganz allein Gott schenken möchte.

Warum trägt der Priester manchmal so einen komischen Schal?

Der Schal hat einen Namen: Er heißt Stola. Der Priester trägt ihn als Zeichen seiner Weihe über der weißen Albe, dem langen Priestergewand. Auch Diakone tragen eine Stola. Aber anders als der Priester, der die Stola um den Hals und über den Schultern trägt, hängt der Diakon sich die Stola über die linke Schulter. Für manche Leute ist die Stola auch ein Zeichen für die ausgestreckten Arme Gottes, mit dem der Priester die Gläubigen einlädt, im Namen Gottes zusammenzukommen und zu beten.

Die Farbe der Stola wechselt im Lauf des Kirchenjahres – genauso wie die Farbe der Altartücher. Es gibt vier „liturgische Farben": Weiß, Rot, Violett und Grün. Jede Farbe hat ihre eigene Bedeutung. Weiß wird an Festtagen verwendet: an Weihnachten und Ostern, bei Taufen und Hochzeiten. Rot verwendet man am Pfingstfest, an Gedenktagen von Märtyrern und bei der Firmung. Violett ist die liturgische Farbe für den Advent und die Fastenzeit vor Ostern – und für die Beichte, das Sakrament der Versöhnung. Grün wird in der übrigen Zeit des Kirchenjahrs verwendet.

Bei hohen kirchlichen Festen und feierlichen Messen trägt der Priester statt einer Stola oft eine Kasel über der Albe. Das ist eine Art Festgewand ohne Ärmel, das vorn und hinten oft mit prächtigen Stickereien verziert ist. Die symbolische Bedeutung der Kasel ist die Gleiche wie die der Stola – aber die Kasel ist viel festlicher. Und eigentlich kann es ja nicht festlich genug zugehen, wenn wir zusammenkommen, um Gott zu danken und ihn zu loben.

Wer ist der Chef der Kirche?

Wenn du Jesus diese Frage stellen würdest, würde er sofort antworten: „Gott!" Denn für ihn war es von Anfang an klar, dass wir nur einen Herrn, einen „Chef", haben: Gott selbst. „Chef" ist allerdings kein so gutes Wort, um auszudrücken, wer Gott für die Menschen sein möchte. Spontan denken wir dann doch irgendwie an einen großen oder kleinen Tyrannen, der anderen sagt, was sie machen sollen – und vor allem, was sie nicht tun dürfen. Gott möchte nicht so ein „Chef" sein. Anstatt Menschen wie Sklaven zu behandeln, will er uns gerade die Freiheit geben, wir selbst zu sein.

Dennoch braucht die Kirche eine Struktur. Deshalb hat jede Gemeinde einen Priester, der die Verantwortung trägt. Er ist dann der Pfarrer der Gemeinde. Heute haben viele Pfarrer sogar mehrere Gemeinden, für die sie verantwortlich sind. Die Pfarrgemeinden einer Region gehören zu einem Dekanat, dessen „Chef" der Regionaldekan ist.

Alle Dekanate einer bestimmten Gegend bilden zusammen ein Bistum, an dessen Spitze der Bischof steht. Mehrere Bistümer bilden eine Kirchenprovinz, der jeweils ein Erzbischof vorsteht. Deutschland hat sieben Kirchenprovinzen (Bamberg, Berlin, Freiburg, Hamburg, Köln, München-Freising und Paderborn). Alle Kirchenprovinzen auf der Welt zusammen machen die Weltkirche aus. Für sie ist der Papst der oberste Verantwortliche.

Muss man das als eine Art Pyramide verstehen, in der der Papst über den Bischöfen steht und ein Gemeindepfarrer über den normalen Gläubigen? Nein. Denn wir sind alle Kinder desselben Vaters. Die Kirche nennt sich deshalb auch auf Lateinisch „communio", Gemeinschaft. In dieser Gemeinschaft sind alle gleich. Und je „höher" einer in dieser Gemeinschaft steht, desto größer muss seine Bereitschaft sein, den anderen zu dienen. Was meinst du, warum Jesus die Füße seiner Jünger gewaschen hat?

Was ist ein Sakrament?

Wenn du eine gute Freundin oder einen guten Freund hast, ist es wichtig, dass du diese Freundschaft ab und zu sichtbar machst. Mit einer Postkarte zum Beispiel, einer kleinen Aufmerksamkeit oder indem du deinen Freund einfach anrufst. Ist er oder sie traurig, wirst du die Trauer teilen — ebenso wie die Freude. Ein Schulterklopfen oder eine ausgestreckte Hand können Wunder wirken. Die Menschen suchen immer nach Zeichen, die ausdrücken, was sie mit Worten nicht oder nicht so gut sagen können.

Sakramente haben eigentlich die gleiche Bedeutung. Manchmal nennt man sie auch „Liebesbriefe Gottes", weil sie die Liebe und Freundschaft Gottes auf besondere Weise sichtbar machen. Die Kirche kennt sieben Sakramente: Taufe, Firmung, Eucharistie, das Sakrament der Versöhnung, die Krankensalbung, die Priesterweihe und die Ehe. Wir glauben, dass Gott uns in ihnen besonders nahekommt.

Die Sakramente sind eine Art Zeichensprache, die ausdrückt, wie sehr Gott die Menschen liebt. Aber diese Liebe wird zum Beispiel auch in der Sorge für die Armen deutlich. Oder in der Solidarität mit den Menschen der so genannten „Dritten Welt". Oder einfach in der Liebe zu den Mitmenschen. Das sind also eigentlich auch Sakramente. Dennoch hat die Kirche die sieben Sakramente besonders hervorgehoben, weil sie besonders eng an das anknüpfen, was Jesus selbst getan hat. Das macht sie noch ein kleines bisschen wichtiger.

Was bedeutet die Taufe?

Die Taufe ist das erste und wichtigste der sieben Sakramente. Es steht für die Aufnahme eines Menschen in die Gemeinschaft der Christen. Von der Taufe an ist man vollwertiges Mitglied der großen Familie der Christen und „Kind Gottes". Das heißt natürlich nicht, dass Gott den Täufling vorher nicht geliebt hat! Gott hat uns schon lange vor unserer Geburt geliebt. Seine Liebe ist schließlich ewig. Und weil „ewig" bedeutet: „ohne Anfang und ohne Ende", wäre es seltsam, die Taufe als Beginn zu verstehen.

Bei der Taufe bekennen alle Anwesenden ihren Glauben an Gott als Vater, Sohn und Heiligen Geist. Sie tun das an Stelle des Täuflings, weil der meist noch viel zu klein ist. Wird ein Erwachsener getauft, bekennt er seinen Glauben natürlich selbst. Nach dem Taufversprechen der Eltern und der Paten, den Täufling zur Begegnung mit Jesus zu führen, gießt der Priester oder Diakon Wasser über die Stirn des Täuflings und salbt ihn mit Chrisam.

Das Taufwasser verweist auf die besondere Nähe des Heiligen Geistes bei der Taufe – so wie Jesus sie bei seiner Taufe selbst erfahren durfte. Als er aus dem Wasser stieg (Erwachsene tauchten damals wie heute bei der Taufe ganz ins Wasser ein), sah er, dass der Himmel sich öffnete und der Geist wie eine Taube auf ihn herabkam. Und eine Stimme aus dem Himmel sprach: „Du bist mein lieber Sohn, an dem ich Freude habe" (nach Markus 1,9–11).

Glaubst du, dass Gott das bei deiner Taufe auch zu dir gesagt hat? „Du bist mein Kind, das ich sehr lieb habe"? Und was bedeutet das für dich? Weißt du, dass Gott dich bis ins Tiefste deines Herzens liebt? Kann man das an deinem Leben erkennen?

Warum wurde Jesus als Erwachsener getauft?

Zur Zeit Jesu war das ganz normal. Acht Tage nach der Geburt wurde und wird jeder jüdische Junge beschnitten. Zum Zeichen dafür, dass er jetzt wirklich zum jüdischen Volk gehört, wird bei einer Feier im Tempel ein Stück von der Vorhaut des Penis abgeschnitten. Dass Jesus auch beschnitten wurde, steht zwar nicht in den Evangelien, aber fast niemand zweifelt daran.

Als Jesus etwa dreißig Jahre alt war, ließ er sich von Johannes im Jordan taufen – wie viele andere. Von Gott beauftragt, versuchte Johannes den Weg für Jesus zu bereiten und die Herzen der Menschen für sein Kommen zu öffnen. Deshalb lud er alle ein, sich zu bekehren und sich taufen zu lassen. Manche dachten, Johannes sei selbst der lang erwartete Messias, aber er sagte immer, dass nach ihm einer kommen werde, der viel stärker sei als er. Damit meinte er Jesus.

Bei uns werden heute fast keine Erwachsenen mehr getauft. Aber in Frankreich zum Beispiel ist das anders: Dort gibt es in den letzten Jahren immer mehr erwachsene Täuflinge. Bei den evangelischen Christen ist es ganz normal, dass junge Erwachsene getauft werden. Dass Jesus erst mit dreißig Jahren getauft wurde, ist also nicht so außergewöhnlich.

Warum bekommen kleine Kinder in der Messe keine Hostie?

Das ist bei uns so, aber in der Orthodoxen Kirche nicht. Dort bekommt das Baby bei der Taufe ein ganz kleines Stückchen von der Hostie und wird auch gefirmt. Die katholische Kirche hat diese Dinge voneinander getrennt – allerdings nicht, weil das alles für ein neugeborenes Kind nicht gut wäre. Man fand, dass Kinder und Jugendliche ihr eigenes Tempo brauchen, um im Glauben und in der Verbundenheit mit Jesus wachsen zu können.

Deshalb gehen Kinder bei uns in der Regel mit neun oder zehn Jahren zur Kommunion. Vorher lernen sie von ihren Eltern und den anderen Gemeindemitgliedern natürlich schon viel über Jesus – und sie gehen mit ihren Eltern zur Messe, als Vorbereitung auf die Erstkommunion. So sollen Kinder sich ein bisschen bewusster für die Freundschaft mit Jesus entscheiden können.

Die Firmung ist dann die Gelegenheit, um als Jugendlicher vor der Gemeinde den Glauben an Gott und die Zugehörigkeit zur Kirche zu bekennen und zu bestätigen. Gefirmt werden Jugendliche bei uns etwa ab dem vierzehnten Lebensjahr. Die jungen Menschen sollen Zeit haben, über ihren Glauben nachzudenken und sich zu entscheiden.

Danke, Papa, ich bin noch nicht ganz so weit!

Was bedeutet die Firmung?

Die Kirche

Die Firmung könnte man auch deine zweite Taufe nennen. Denn wenn du als kleines Kind getauft worden bist, haben die Eltern und Paten an deiner Stelle das Glaubensbekenntnis gesprochen. Bei der Firmung tust du das selbst. Vor allen Menschen in der Kirche – und damit ist auch die weltweite Gemeinschaft der Christen gemeint! – bekräftigst du, dass du dich für Jesus entscheidest und auf seinen Spuren gehen möchtest.

Das Wort „Firmung" ist vom lateinischen Wort „firmare" abgeleitet, das „befestigen, stärken, tauglich machen" bedeutet. Bei der Firmung bestärkst du also dein Engagement als Christin oder Christ, das deine Eltern bei deiner Taufe stellvertretend für dich versprochen haben.

Im Mittelpunkt der Firmung steht die Salbung mit Chrisam durch den Bischof oder einen von ihm beauftragten Priester. Bei den Juden wurde jemand, der eine wichtige Aufgabe bekam, oft gesalbt – Könige und Propheten zum Beispiel.

Das Wort „Messias" als Bezeichnung für Jesus bedeutet übrigens auch „Gesalbter" – so wie das griechische Wort „Christos" oder das lateinische „Christus". Durch die Salbung mit Chrisam wird ein Christ also bestärkt in seiner Berufung und Sendung, Christus jeden Tag ein bisschen ähnlicher zu werden.

Die Salbung bei der Firmung ist auch ein „Kennzeichen", ein Siegel des Heiligen Geistes. Wenn der Bischof oder der von ihm beauftragte Priester die Stirn des Firmlings in Form eines Kreuzes mit Chrisam salbt, sagt er deshalb: „Sei besiegelt durch die Gabe Gottes, den Heiligen Geist." Der Firmling antwortet mit „Amen".

Beichten – was ist das eigentlich?

Kurz gesagt heißt beichten: die Sünden vor einem Priester aussprechen und Gott um Vergebung bitten. In der Kirche gibt es dafür das Sakrament der Versöhnung. Früher hat man das „die Beichte" genannt.

Dabei sagst du dem Priester alles, was dir Leid tut. Der Priester hört dir zu und kann dir im Namen Gottes „die Absolution erteilen", das heißt die Vergebung der Sünden. Am Ende kann der Priester dir noch eine „Buße" aufgeben, eine Art Wiedergutmachung für das, was du falsch gemacht hast.

Früher fand das alles im Beichtstuhl statt. Der Priester saß in der Mitte auf einem Stuhl, und links oder rechts konnte man sich hinknien, um seine Sünden auszusprechen. Manche Leute machen das immer noch so, weil sie es gewohnt sind. Aber viele wünschen sich stattdessen ein normales Gespräch mit dem Priester. Besonders in der Advents- und in der Fastenzeit werden in vielen Kirchen auch so genannte Bußgottesdienste gefeiert. Sie sollen die Menschen dazu bewegen, ihr Herz zu öffnen und um die Vergebung der Sünden zu bitten.

„Kann man nur bei einem Priester beichten?", fragst du dich jetzt vielleicht. Ja. Denn der Priester hat durch seine Weihe von Gott die besondere Kraft erhalten, in seinem Namen die Sünden zu vergeben. Er ist auch verpflichtet, alles, was bei der Beichte gesagt wird, für sich zu behalten. Auch vor Gericht darf er nichts davon erzählen. Man nennt das „das Beichtgeheimnis". Alles, was man bei der Beichte erzählt, bleibt das Geheimnis des Beichtenden, des Priesters und Gottes.

Warum heiraten manche Leute standesamtlich, aber nicht kirchlich?

Ganz einfach – weil nicht jeder an Gott glaubt. Und wenn man nicht an Gott glaubt, hat es natürlich auch keinen Sinn, die Liebe zu jemandem von Gott segnen zu lassen. Bei uns gibt es deshalb zwei Arten von Hochzeiten: die standesamtliche und die kirchliche.

Wer nicht glaubt, aber seine Treue zu einem Menschen dennoch offiziell besiegeln möchte, kann standesamtlich heiraten. Im Standesamt versprechen sich Mann und Frau dann, einander treu zu sein und gut füreinander zu sorgen. Neuerdings können in einigen Ländern auch zwei Männer oder zwei Frauen standesamtlich heiraten.

Wer an Gott glaubt, für den hat die Liebe auch etwas mit Gott zu tun. Deshalb wollen gläubige Menschen einander auch vor Gott die Treue versprechen. Das passiert bei einer kirchlichen Hochzeit.

Anders als bei allen anderen Sakramenten ist es hier nicht der Priester, der das Sakrament spendet. Er ist nur eine Art kirchlicher Zeuge des Bundes, den Mann und Frau miteinander schließen. Das eigentliche Sakrament der Ehe spenden sich die beiden Menschen, die heiraten, gegenseitig. Sie versprechen, einander so zu lieben, wie Gott uns liebt. Der Priester bestätigt diese Verbindung im Namen Gottes und der Kirche.

Warum gehen Christen vor allem am Sonntag in die Messe?

Christen können jeden Tag in die Messe gehen. Aber die gemeinsame Eucharistiefeier am Sonntag ist etwas Besonderes. Im Evangelium steht nämlich, dass Jesus an einem Freitag gestorben und am dritten Tag von den Toten auferstanden ist. Der erste Tag ist also der Freitag, der zweite der Samstag, und der dritte Tag ist ... der Sonntag!

Deshalb wird Ostern, das Fest der Auferstehung Jesu, immer an einem Sonntag gefeiert. Genauer: am Sonntag nach dem ersten Vollmond im Frühling. Und weil jeder Sonntag ein kleines Osterfest ist, ist die Sonntagsmesse immer auch ein bisschen feierlicher als eine Werktagsmesse. Und die Vorabendmesse am Samstag? Die gehört eigentlich schon zum Sonntag. Bei den Juden beginnt der Tag nämlich immer mit Sonnenuntergang. Deshalb feiern sie den Sabbat (der unser Samstag ist) schon ab Freitagabend.

Christen kennen diesen Brauch vor allem an Weihnachten und Ostern. Am Heiligabend, dem 24. Dezember, feiern die meisten Familien Weihnachten und gehen in die Christmette. Und die Osternacht am Vorabend des Ostertages ist der Höhepunkt des ganzen Osterfestes.

Was ist das Wichtigste an einer Messe?

Jede heilige Messe besteht grob gesagt aus zwei Teilen: dem Wortgottesdienst und der eigentlichen Eucharistiefeier. Zusammen mit der Eröffnung und dem Abschluss bilden sie die Struktur, nach der auf der ganzen Welt die Messe gefeiert wird, um an das letzte Abendmahl Jesu zu erinnern. Am Anfang und am Ende der heiligen Messe steht der Priester normalerweise vor seinem Sitz. Der Wortgottesdienst findet am Ambo, dem Lesepult, statt. Die eigentliche Eucharistiefeier wird am Altar vollzogen.

An Sonn- und Festtagen sind im Wortgottesdienst drei Lesungen vorgesehen. Die erste Lesung kommt aus dem heiligen Buch der Juden, das wir das Alte Testament nennen. Die zweite Lesung ist immer ein Stück aus den Briefen der Apostel oder aus der Offenbarung des Johannes, dem letzten Buch der Bibel. Bei uns wird in vielen Gemeinden nur eine dieser beiden Lesungen vorgetragen. Die dritte Lesung (Evangelium) entstammt immer einem der vier Evangelien. Beim Evangelium steht die Gemeinde aus Respekt vor dem Wort Gottes auf.

Die Eucharistiefeier selbst beginnt mit der Gabenbereitung, bei der Brot und Wein zum Altar gebracht werden, und sie endet mit der Kommunion. Der Höhepunkt ist die Wandlung. Das ist der Moment, in dem der Priester die Worte Jesu ausspricht: „Nehmt und esst alle davon: Das ist mein Leib. Nehmet und trinket alle daraus: Das ist mein Blut." Bei der Wandlung knien wir, um unsere Ehrfurcht vor Jesus auszudrücken.

Woher kommt das Wort Advent?

Der Advent ist im Kirchenjahr die Zeit vom vierten Sonntag vor Weihnachten bis Heiligabend. Das Wort „Advent" kommt vom lateinischen „adventus", Ankunft. Im Advent bereiten sich die Christen auf die „Ankunft" von Jesus vor.

Jetzt wirst du sicher sagen, dass Jesus ja schon vor mehr als zweitausend Jahren auf die Erde gekommen ist. Das ist natürlich richtig. Tatsächlich ist er vor langer Zeit in Betlehem zur Welt gekommen. Aber ist er auch in deinem Herzen angekommen? Und in den Herzen von vielen anderen Menschen?

Im Advent schauen die Gläubigen also nicht nur auf Vergangenes zurück – auf die Zeit, als Jesus noch nicht geboren war und viele Juden auf den Messias, den Erlöser, warteten. Sie freuen sich auch auf das, was noch kommen wird: die Veränderung der Welt durch die Liebe, wenn Gott bei ihnen sein wird. „Er wird alle Tränen von ihren Augen abwischen. Der Tod wird nicht mehr sein. Denn was früher war, ist vergangen" – so steht es in der Offenbarung des Johannes im Neuen Testament.

Im Advent werden die Christen daran erinnert, dass die neue Welt vorbereitet werden muss und dass wir alle unseren Beitrag dazu leisten müssen. Indem wir für die Schwachen und Kleinen sorgen, wie Jesus das getan hat. Willst du dabei mitmachen?

Die Kirche

Was bedeutet der Aschermittwoch?

Der Mittwoch nach dem Fastnachtsdienstag ist der Beginn der vorösterlichen Fastenzeit. Bis einen Tag vorher wird noch mit voller Kraft Karneval gefeiert, aber mit dem Aschermittwoch beginnt die Vorbereitung auf Ostern. Alle Gläubigen sind dann eingeladen, sich zu bekehren und ihre Herzen vorzubereiten auf die Auferstehung Jesu. Um das deutlich zu machen, zeichnet der Priester ein Kreuz aus Asche auf die Stirn der Gläubigen.

Einerseits ist das Kreuz ein Zeichen dafür, dass wir alle sterblich sind. Der Priester erinnert uns daran, indem er bei der Austeilung des Aschenkreuzes sagt: „Bedenke, Mensch, dass du Staub bist und wieder zum Staub zurückkehren wirst." Andererseits ist das Aschenkreuz auch ein Aufruf, anders zu leben – gemäß dem Evangelium. Deshalb sagt der Priester manchmal auch: „Bekehrt euch und glaubt an das Evangelium!" Die Asche wird aus den verbrannten Palmzweigen des vergangenen Jahres bereitet. Die Palmzweige hatten einst dazu gedient, Jesus bei seinem Einzug in Jerusalem zu verehren und zu loben. Von der Begeisterung ist heute kaum noch etwas geblieben. Das Aschenkreuz lädt dazu ein, dass wir uns auf die Suche nach dem Feuer machen, nach der Freude des Evangeliums, die oft unter den Sorgen des Alltags verborgen liegt.

Wenn du die Fastenzeit mit dieser Einstellung beginnst, kann kaum noch etwas schiefgehen. Gut begonnen ist halb gewonnen!

Was kann ich zur Vorbereitung auf Ostern tun?

Zwei Geschichten aus den Evangelien helfen uns auf dem Weg. Die erste ist eine Geschichte von Jesus, der vierzig Tage in der Wüste verbrachte und dort vom Teufel in Versuchung geführt wurde (Lukas 4,1–13). Was ist da passiert? Der Teufel versucht mit allen Mitteln, Jesus von seinem Vertrauen auf Gott abzubringen. Aber Jesus weicht keinen Zentimeter zurück. „Ich bete nur Gott an", sagt er.

Was heißt das jetzt für unsere Vorbereitung auf Ostern? Eigentlich heißt das, dass wir in unserem Herzen Abschied nehmen müssen von allem, was uns von Gott entfernt. Dass wir uns trauen, uns mit allem, was wir sind und haben, für ihn zu entscheiden. Zum Glück hat man dafür mehr als nur einen Tag Zeit!

Die zweite Geschichte finden wir im Evangelium nach Matthäus (6,1–18). Diese Stelle wird am Aschermittwoch gelesen, am Beginn der vorösterlichen Fastenzeit. Jesus gibt uns da drei Hilfestellungen, um bewusster auf das Osterfest zuzu-

gehen: solidarisch sein mit Menschen, die viel weniger haben als wir; im Verborgenen unseres Herzens zu Gott beten und ihn als Vater ansprechen; einfacher leben und darüber nachdenken, was wirklich wichtig ist.

In der Fastenzeit bietet die Kinder-Fastenaktion des katholischen Hilfswerks Misereor jedes Jahr viele Vorschläge, konkret mit den Armen und Bedürftigen in der Welt solidarisch zu sein und mit ihnen zu teilen. Auch das Gebet und ein einfacher Lebensstil gehören dazu. Vielleicht hast du ja auch schon mal bei einer konkreten Aktion mitgemacht?

Warum dauert die Fastenzeit vierzig Tage?

In den vierzig Tagen vor Ostern bereiten sich die Christen auf ihr wichtigstes Fest vor: das Osterfest. An diesem Tag feiern sie die Auferstehung Jesu. Aber – wenn man vom Aschermittwoch an vierzig Tage zählt, würde Ostern eigentlich eine Woche zu früh gefeiert! Das liegt daran, dass die Sonntage bei den vierzig Tagen nicht mitgezählt werden. Am Sonntag erinnern wir uns schließlich immer an die Auferstehung Jesu. Deshalb wird die Zählung der vierzig Tage an den Sonntagen der Fastenzeit unterbrochen.

Wie kommt man auf die Zahl vierzig? In der Bibel haben Zahlen oft eine zeichenhafte Bedeutung. Die Sieben zum Beispiel steht für das Göttliche, die Vollkommenheit. Denk nur an die sieben Tage der Schöpfung oder an die sieben Sakramente.

Die Sechs dagegen steht für die Unvollkommenheit – und auch für „den Teufel" als den Widersacher Gottes.

Die Vierzig hat auch diese symbolische Bedeutung: Sie steht für die normale Dauer eines Menschenlebens. Wenn die Kirche dazu einlädt, dass wir uns während der vierzigtägigen Fastenzeit auf Ostern vorbereiten, bedeutet das eigentlich, dass wir eingeladen sind, unser ganzes Leben unter das Zeichen der Auferstehung Jesu zu stellen. Von der Geburt bis zum letzten Atemzug. Was meinst du – ist das drin?

40 – das ist offenbar 'ne gewichtige Zahl!

Die Kirche

Warum brennt vorne in der Kirche immer ein rotes Licht?

Das rote Licht – auch ewiges Licht genannt – brennt beim Tabernakel. Es zeigt an, dass Jesus dort in den konsekrierten (geweihten) Hostien gegenwärtig ist. Das deutsche Wort Tabernakel kommt vom lateinischen „tabernaculum", das wörtlich „Zelt" bedeutet. In der Zeit des Alten Bundes war der Tabernakel das Zelt, das die Israeliten auf ihrem Zug durch die Wüste von Ägypten nach Kanaan mit sich führten. Hierin bewahrten sie die Bundeslade auf, in der die beiden steinernen Tafeln mit den Zehn Geboten lagen.

Was früher einmal dieses Zelt war, ist heute ein goldener oder vergoldeter „Kasten" (wenn ich das mal so respektlos ausdrücken darf), in der am Ende der Eucharistiefeier die übrig gebliebenen Hostien aufbewahrt werden. Der ursprüngliche Sinn dieser Aufbewahrung war, dass man für Kranke, die auf dem Sterbebett noch ein letztes Mal die Kommunion empfangen wollten, immer konsekrierte Hostien im Vorrat haben wollte. Diese letzte Kommunion nennt man auch „Viatikum" oder Wegzehrung. Jesus hat ja von sich selbst gesagt, dass er das „Brot des Lebens" ist (Johannes 6,48) und dass der „in Ewigkeit leben wird", der von diesem Brot isst (Johannes 6,51).

Für Christen ist die Hostie, die durch den Priester in der Eucharistiefeier geweiht worden ist, viel mehr als einfach ein Stück Brot. Für sie ist sie Zeichen der Gegenwart des auferstandenen Herrn. Deshalb nennen sie die konsekrierte Hostie auch das „Allerheiligste" und machen eine Kniebeuge in Richtung des Tabernakels, wenn sie in eine Kirche kommen.

Was ist Beten?

Beten heißt, mit Gott sprechen, sagen manche Leute. Aber stimmt das auch? Ist Beten nur sprechen oder auch hören? Und wenn es auch ums Hören geht, auf wen oder was muss man dann hören? Ganz schön knifflige Fragen, die nicht leicht zu beantworten sind. Dennoch dürfen wir sie nicht einfach beiseiteschieben. Denn neben der Sorge für die Armen war das Gebet für Jesus ganz wichtig. Oft suchte er mit seinen Jüngern einen einsamen Ort auf, um in der Stille zu Gott zu beten.

Aber was ist Beten denn jetzt eigentlich? Viele kluge Menschen haben schon versucht, diese Frage zu beantworten. Und obwohl es inzwischen Hunderte guter Antworten gibt, kann man nicht sagen, dass eine von ihnen den Nagel auf den Kopf treffen würde.

Beten hat auf jeden Fall etwas mit Liebe zu tun. Und was Liebe ist, kann auch niemand ganz genau sagen. Aber wenn man jemand sehr gern hat, will man auf jeden Fall Zeit mit ihm verbringen. Beten ist eigentlich das Gleiche. Man nimmt sich Zeit für Gott, weil man spürt, dass er einen liebt und weil man ihn auch lieben möchte. Um das deutlich zu machen, braucht man noch nicht mal viele Worte. Es kann schon reichen, Gott „Vater" oder „Freund" zu nennen.

Beten ist also eine Art Dialog, in dem du Gott sagst, was du erlebst, und in dem du ihm vor allem auch zuhörst. Versuch es mal! Du wirst sehen, dass dich das sehr glücklich machen kann.

Warum antwortet Gott mir nicht, wenn ich bete?

Weißt du, was Gottes Antwort auf dein Gebet ist? Seine Freundschaft und seine Liebe. Vielleicht erwartest du manchmal etwas anderes und meinst deshalb, dass Gott dir nicht antwortet. Aber – könnte es nicht auch sein, dass du nicht gut genug zuhörst, was er dir zu sagen hat?

Gott will vor allem einfach für dich da sein. Er braucht oft nicht viele Worte, um das auszudrücken. Es reicht oft schon, dass er da ist.

Gott kann uns auch nicht immer einfach alles geben, worum wir bitten. Warum? Weil es oft nicht von ihm abhängt. Kann Gott zum Beispiel einen Krieg beenden? Nein – erst müssen die Menschen selbst den Frieden wollen. Gott ist kein Zauberer, der gegen den Willen der Menschen Dinge tut oder möglich macht.

Dennoch lässt er uns oft ganz einfach spüren, dass wir nicht allein sind und auf ihn zählen dürfen. Besonders dann, wenn wir es schwer haben und in unserem Leben keinen Sinn mehr sehen. Das darf man von einem Freund auch erwarten – oder nicht?

Hallo? ... Ist da jemand?

Warum hat Gott meinen Opa nicht geheilt?

Beten

Niemand lebt ewig auf dieser Welt. Auch Omas und Opas nicht. Alles entsteht und vergeht wieder. Das ist ein Naturgesetz. Pflanzen keimen und verwelken, Tiere werden geboren und sterben. Mit den Menschen ist das genauso. Großeltern machen Platz für ihre Kinder und Enkel. So geht es schon seit vielen Jahrhunderten. Manchmal gibt es auch Ausnahmen von dieser Regel, und Kinder sterben zum Beispiel vor ihren Eltern oder Großeltern.

„Aber Jesus konnte doch Kranke heilen!", sagst du jetzt wahrscheinlich. Das stimmt. Aber nicht alle Kranken wurden geheilt. Und eines Tages sind auch die gestorben, die Jesus geheilt hatte. Durch seine Wunderheilungen wollte Jesus uns deutlich machen, dass Gott nicht den Tod will, sondern das Leben.

Als Christen glauben wir sogar, dass wir nach unserem Tod zu Gott kommen und dass wir dorthin all die Liebe mitnehmen, die wir hier auf der Erde empfangen und verschenkt haben. In der Bibel steht sogar, dass wir im Himmel ewig leben werden und es den Tod dann nicht mehr gibt. Letztlich wird Gott uns also doch alle heilen.

Warum stellt man in der Kirche Kerzen auf?

Eine Kerze vor einem Kreuz, einem Marien- oder Heiligenbild aufzustellen, ist eine bestimmte Art des Gebets. Damit drücken Menschen ohne Worte aus, was sie bewegt. Sie danken Gott für alles, was er ihnen geschenkt hat, oder bitten ihn um Licht für die Dunkelheit ihres Lebens.

Omas und Opas zum Beispiel stellen gern Kerzen auf, wenn ihre Enkel eine Klassenarbeit schreiben oder eine Prüfung machen. Oder wenn es in der Ehe ihrer Kinder Schwierigkeiten gibt. Für sie hat die Kerze einen doppelten Sinn: Zum einen ist sie Zeichen der Verbundenheit mit einem Menschen. Zum anderen ist das Aufstellen der Kerze auch ein Gebet, in dem sie Gott um Unterstützung bitten – für sich selbst und für denjenigen, für den sie beten.

„Schön und gut", höre ich dich sagen. „Aber warum stellen die Leute dann so oft eine Kerze vor bestimmte Heiligenfiguren?" Das ist eigentlich ganz einfach. Heilige sind für Christen eine Verbindung von Himmel und Erde. Zeit ihres Lebens waren sie so eng mit Gott und den Mitmenschen verbunden, dass dieses Band nach ihrem Tod weiter besteht und sogar noch stärker wird. Wenn wir ihnen unsere Sorgen und Freuden anvertrauen, vertrauen wir sie eigentlich Gott selbst an.

Wenn alle Menschen beten würden, wäre dann überall Frieden?

Wenn jeder das ehrlichen Herzens tun würde – ja, natürlich! Aber genau da liegt das Problem. Denn ist unser Gebet immer so ehrlich? Oder hoffen wir, Gott auf unsere Seite zu ziehen und ihn uns gewogen zu stimmen? Stimmt unser Beten überein mit unserem Tun? Oder geht es uns nur um den schönen Schein? Schwierig zu sagen. Die Wahrheit liegt wohl irgendwo dazwischen.

Jesus muss das damals auch schon irgendwie gemerkt haben. Im Evangelium nach Lukas zum Beispiel spricht er über das Gebet eines Pharisäers und eines Zöllners (Lukas 18,9–14). Der Pharisäer betet, um zu betonen, wie gut er sich verhält. Der Zöllner dagegen bittet um Vergebung für alles, was er falsch gemacht hat. Nur sein Gebet wird von Jesus erhört.

Wer versucht, so zu beten, wie Jesus es gemeint hat, wird den Blick vor allem auf Gott und den Nächsten richten statt auf sich selbst. Hass oder Streit und Gebet schließen sich aus. „Wenn jemand sagt: Ich liebe Gott!, aber seinen Bruder hasst, ist er ein Lügner", schreibt Johannes (1 Johannes 4, 20).

Leider hat das in der Geschichte nicht jeder verstanden. So waren die Deutschen in den beiden Weltkriegen davon überzeugt, dass Gott auf ihrer Seite stehen würde. „Gott mit uns!", stand auf dem Gürtel der Wehrmachtssoldaten.

Das ist schaurig, wenn man überlegt, wie viele Männer, Frauen und Kinder im Krieg umkamen oder in den Gaskammern der Konzentrationslager umgebracht wurden. Mit dem Glauben an einen Gott, der die Liebe ist und den Menschen Frieden wünscht, ist so etwas nicht zu vereinbaren.

Wie kann ich heilig werden?

Eine schöne Frage — aber zugleich eine sehr schwierige! Denn heilig zu werden ist das, wozu jeder Christ von Gott berufen ist. Aber nichts ist schwieriger. Denn es gibt immer Dinge, die uns von unserer tiefsten Berufung abhalten und uns auf unserem Weg zur Heiligkeit behindern. Besitz und Macht zum Beispiel entfernen uns oft eher von Gott, als dass sie uns ihm näherbringen.

Aber wie können wir dann in der Heiligkeit wachsen? Ganz einfach: Indem wir lieben — immer, überall und mit Freude. Findest du diese Antwort zu unbestimmt? Schau dann mal auf Jesus. Durch seine totale und bedingungslose Liebe zu Gott und den Mitmenschen ist er der Heilige schlechthin geworden. Das Einzige, was wir tun können, ist, ihm darin nachzufolgen und Gott und alle unsere Mitmenschen mit ganzem Herzen zu lieben. Können wir das aus uns selbst heraus? Nein. Das geht nur mit Gottes Hilfe. Deshalb müssen wir ihm in unserem Leben freie Hand geben.

Um heilig zu werden, muss man also vor allem lieben. Nicht mit vielen Worten, sondern in den kleinen Dingen des Alltags. Wenn du dein Herz für Gott öffnest, wirst du sicher eine ganze Menge Gelegenheiten entdecken. Vielleicht spricht die Kirche dich dann sogar heilig. Aber darüber würde ich mir an deiner Stelle jetzt nicht allzu viele Gedanken machen.

Wenn Gott die Liebe ist, warum gibt es dann so viel Leid?

Das Böse

Gott ist nicht die Ursache des Leids in der Welt! Auch wenn manche Menschen das glauben. In den Evangelien findest du das hier und dort auch wieder. Die Jünger fragen Jesus einmal, ob jemand wegen seiner eigenen Sünden oder wegen der seiner Eltern blind geboren wurde (Johannes 9,2). Jesus antwortet, dass keiner von den beiden schuld ist. „Weder er noch seine Eltern haben gesündigt", sagt er (Johannes 9,3).

Auch wenn es da nicht wörtlich steht, kann man doch daraus ableiten, dass die Menschen nicht leiden, weil Gott sich an ihnen rächen möchte. Leid ist oft eine Folge der Umstände und/oder des bösen Willens der Mitmenschen.

Ist Gott denn nicht da, wenn wir leiden? Doch, schon. In Jesus hat er uns gezeigt, dass er dem Leid nicht aus dem Weg geht, sondern den Menschen auch in den schwierigsten Momenten des Lebens nahe ist. Warum hat er den Blinden denn eigentlich geheilt?, wirst du denken. „Das Wirken Gottes soll an ihm offenbar werden", antwortet Jesus (Johannes 9,3). Frei übersetzt heißt das: „Weil Gottes Liebe an ihm sichtbar und spürbar werden konnte."

Gott ist kein Zauberer, der das Leid der Menschen wegnehmen kann, wenn er das will. Gott ist Liebe, an guten und schlechten Tagen. Jesus war davon so überzeugt, dass er selbst am Kreuz nicht daran zweifelte. Er wusste, dass nicht das Leid, sondern die Liebe seines Vaters das letzte Wort haben würde.

Und du? Glaubst du das auch?

Weiß Gott, dass es auch böse Menschen gibt?

Natürlich weiß Gott das. Und wenn er das sieht, ist er unglücklich. Denn immer, wenn Menschen böse zueinander sind und alles Schlechte herauslassen, was in ihren Herzen ist, machen sie etwas von Gottes Wunsch nach einer besseren Welt kaputt.

Gott ist nicht blind für all das Schlimme, was passiert. Er sieht sehr wohl, dass die Menschen manchmal einander hassen, anstatt sich zu lieben. In Jesus hat er das sehr nah erfahren. Obwohl er niemandem etwas zuleide getan hatte und nur gut sein wollte, wurde er verurteilt und gekreuzigt. Gott weiß also auch, dass es böse Menschen gibt.

„Aber warum tut er dann nichts dagegen?", fragst du dich jetzt vielleicht. Nun, die Liebe ist für Gott viel wichtiger als die Pflicht. Deshalb greift er nicht ein, wenn Menschen den falschen Weg wählen. Sogar als Jesus zu Unrecht verurteilt wird, tut er nichts. Obwohl „nichts" vielleicht das falsche Wort ist. Er ist da, aber in dem Moment lässt er die Liebe über den Hass siegen. Denn er weiß, dass man die Zukunft nur auf die Liebe aufbauen kann.

Was ist eine Sünde?

Das Böse

Wenn du beim Abwaschen versehentlich eine Tasse oder einen Teller fallen lässt, ist das dann eine Sünde? Nein. Das ist einfach Pech. Und was ist, wenn du das absichtlich tust? Weil du sauer bist, zum Beispiel. Ist das dann eine Sünde? Eigentlich auch nicht. Du kannst es natürlich nicht einfach schönreden und so tun, als ob nichts wäre, aber eine Sünde ist es nicht. Wenn du es nachher wieder gutmachen willst, sagst du nicht „ich habe gesündigt", sondern dass es dir Leid tut und dass es falsch war.

Können wir denn überhaupt sündigen? Ja. Immer dann, wenn wir uns bewusst und freiwillig gegen Gottes Willen entscheiden. Sünde hat nämlich immer etwas mit Gott zu tun. Was will Gott denn von uns? Ganz einfach: dass wir versuchen, mit unserem ganzen Herzen und allem, was wir haben und sind, ihn und unseren Nächsten zu lieben. Wenn wir das nicht tun, „sündigen" wir, weil wir Gottes Liebe zu uns nicht erwidern.

Etwas „falsch" machen und „sündigen" ist also nicht dasselbe. Als Christen glauben wir, dass jeder Mensch ein Kind Gottes ist und dass wir Gott deshalb in jedem Mitmenschen begegnen. Wenn wir jemanden ausgrenzen oder ärgern, stoßen wir eigentlich Gott aus. Und wenn wir jemandem absichtlich wehtun, tun wir eigentlich Gott weh. Deshalb müssen wir auch eigentlich Gott um Vergebung bitten, wenn wir so etwas getan haben.

Warum tut Gott nichts gegen das Böse in der Welt?

Gott hat uns die Welt geschenkt, damit wir in seinem Namen für sie sorgen. Aber er hat uns auch die Freiheit gegeben, das zu tun oder auch nicht zu tun – seine Einladung anzunehmen oder abzulehnen. Wir müssen das also immer wieder selbst entscheiden. Zum Glück! Denn würde Gott an unserer Stelle entscheiden, wären wir nur Marionetten in seinen Händen.

Schaut Gott denn nur zu? Auch, wenn wir alles falsch machen? Nein. Gott tut alles, was er kann, um uns auf den richtigen Weg zu bringen. Immer wieder wird er uns zeigen, was wir tun können, um Gewalt zu vermeiden und uns für den Weg des Friedens zu entscheiden. Aber er wird uns nie die Verantwortung abnehmen und an unserer Stelle entscheiden. Die Freiheit, die er uns gegeben hat, bleibt ihm heilig.

Ab und zu wird er uns allerdings Menschen schicken, die seine Botschaft deutlich formulieren. Wir nennen sie „Propheten", weil sie es wagen, in Gottes Namen Unrecht anzuklagen und für unseren Umgang mit anderen die Werte des Evangeliums erkennbar zu machen. Wer ist für dich so ein „Prophet"? Einer deiner Lehrer oder eine deiner Lehrerinnen? Dein Papa oder deine Mama? Eine gute Freundin oder ein guter Freund?

Hmm ... Jetzt ist guter Rat teuer!

Wie kommt es, dass Menschen böse sein können?

Das hat mit der Freiheit zu tun, die Gott uns schenkt. Weil er uns aus Liebe geschaffen hat, wollte er uns nicht als Roboter haben, die auf Knopfdruck tun, was er will. Die andere, negative Seite der Freiheit ist die, dass wir uns als Menschen eben auch dafür entscheiden können, nur an uns selbst zu denken.

Immer wieder stehen wir vor der Entscheidung zwischen Gut und Böse. Oft wollen wir gut zu anderen sein, aber es gelingt uns nicht. „Denn ich tue nicht das Gute, das ich will, sondern das Böse, das ich nicht will", schreibt Paulus einmal (Römer 7,19). Ist das bei dir manchmal auch so? Dass du gute Vorsätze hast, aber fast keinen von ihnen in die Tat umsetzt?

Wie das kommt? Weil wir uns nie automatisch für das Gute entscheiden. In jeder Sekunde unseres Lebens müssen wir uns zum Guten „bekehren". Manchmal ist es sogar einfacher, sich für die Dunkelheit zu entscheiden anstatt für das Licht. Hoffentlich trauen wir uns trotzdem, dem Weg Jesu zu folgen.

Gibt es den Teufel wirklich?

Hast du schon mal ein Bild des Teufels gesehen? Meist stellt man ihn in Schwarz und Rot dar, mit Hörnern und einem langen Schwanz. In echt begegnet man so einen Teufel natürlich nicht. Auf der anderen Seite trifft man aber schon auf Menschen, die sich teuflisch benehmen. Das Böse gibt es also, leider. Aber zum Glück ist das Gute immer noch ein bisschen stärker. Denn da, wo Menschen Gott und einander lieben, schmilzt das Böse wie Schnee in der Sonne.

Für Jesus war das sonnenklar. Deshalb hatte der Teufel bei ihm keine Chance; auch dann nicht, als er ihn vierzig Tage und vierzig Nächte lang auf die Probe stellte (Matthäus 4,1–11). Jesus blieb bei seiner Entscheidung für das Gute, was immer der Teufel ihm auch versprach. Könntest du das auch? Natürlich ist es oft einfacher, sich für das Böse zu entscheiden. Denn das ist für uns oft vorteilhaft. Aber wenn wir uns für das Gute entscheiden, sind wir nachher meist viel glücklicher.

Wer sich für das Gute entscheidet, kommt übrigens auch ein Stückchen näher zu Gott. Denn dann tut man das, worum Gott uns bittet: jeden mit der gleichen Kraft zu lieben. Ob man sich nun den Teufel als Person vorstellt oder als die Macht des Bösen – dass er existiert, ist sicher. Schau dich mal um! Warum, meinst du, gibt es so viel Böses in der Welt? Wenn du dich für die Liebe entscheidest, statt für den Egoismus, machst du den Teufel machtlos.

Welche Rolle spielt die Schlange in der Geschichte von Adam und Eva?

Die Geschichte von Adam und Eva folgt in der Bibel unmittelbar auf den ersten Schöpfungsbericht und gibt ein ganz anderes Bild von der Entstehung der Welt (Buch Genesis 2,4b–3,24). Denn im Gegensatz zum ersten Bericht, in dem der Mensch erst am sechsten Tag auf der Bühne erscheint, fängt Gott nun mit dem Menschen an. Erst danach legt er einen prachtvollen Garten an, mit allerlei Bäumen, die herrliche Früchte tragen. Nur vom Baum in der Mitte des Gartens darf der Mensch nicht essen. Der Rest wird ihm einfach so geschenkt.

Doch dann kommt die Schlange zum Vorschein. Und schlau, wie sie ist, weiß sie Adam und Eva davon zu überzeugen, doch von den Früchten des verbotenen Baums zu essen. „Ihr werdet wie Gott, wenn ihr davon esst", sagt sie (Buch Genesis 3,5). Und weil das so verlockend ist, lassen Adam und Eva sich verführen. Beide essen von den Früchten des Baumes. Wenig später stellt Gott sie zur Rede. Als Strafe werden sie aus dem Paradies geworfen. Nicht gerade ein Happy End, wenn du mich fragst.

Was will der Autor der Geschichte uns damit sagen? Ganz einfach: dass wir uns nie für das Böse entscheiden dürfen! Denn die Schlange ist das Symbol des Bösen, eine Art Vorläufer des Teufels, könnte man sagen, die mit allen Mitteln versucht, uns dazu zu verführen, dass wir uns nicht mehr für Gott entscheiden, sondern nur noch für uns selbst. Kannst du dieser Versuchung widerstehen?

Was ist nach dem Tod Jesu mit Maria passiert?

Maria hat unter dem Tod Jesu sicher furchtbar gelitten. Ich denke, das ist eins der schlimmsten Dinge, die einem passieren können – als Mutter das eigene Kind sterben zu sehen. Und dann auch noch auf so grausame Weise. Zum Glück wurde Maria nach dem Tod Jesu gut von den Jüngern aufgenommen. Das war auch umgekehrt so. Die Jünger konnten mit ihren Fragen und ihrem Schmerz zu ihr kommen. So wie sie für Jesus gesorgt hatte, sorgte sie nun für seine besten Freunde. Nach der Aufnahme Jesu in den Himmel saßen sie alle im Abendmahlssaal in Jerusalem zusammen und „verharrten dort einmütig im Gebet", wie es in der Apostelgeschichte heißt (1,14).

Danach wird in der Bibel nichts mehr über Maria gesagt. Wir sind auf andere Quellen angewiesen, wenn wir wissen wollen, was weiter mit ihr passiert ist. So schreibt Ignatius von Loyola im 16. Jahrhundert, dass Jesus zunächst Maria und dann erst seinen Jüngern und den anderen Frauen erschienen sei. Ein anderer, unbekannter Autor ist der Meinung, Maria habe den Evangelisten Johannes nach Ephesus begleitet und sei dort gestorben.

Über Maria wissen wir nach dem Tod Jesu also wenig Sicheres. Aber weil sie die Mutter Jesu war, hat die Kirche ihr stets einen besonderen Platz eingeräumt und sie als Erste der Heiligen betrachtet. Deshalb dürfen wir auch zu ihr beten. Denn Maria möchte unsere Mutter sein, so wie sie es für Jesus und seine Jünger war.

War Maria Jüdin?

Ja, natürlich. Nach dem Evangelium des Jakobus, das nicht in unsere Bibel aufgenommen wurde, war sie die Tochter von Joachim und Anna, die beide zum jüdischen Volk gehörten. Als junge Frau muss sie sich denn auch in der Welt ihres Glaubens zu Hause gefühlt und die Ankunft des Messias ungeduldig erwartet haben – ohne zu wissen, dass sie selbst dabei eine Schlüsselrolle spielen würde.

Aber warum hat Gott gerade sie ausgewählt? Diese Frage kann er nur selbst beantworten. Das Einzige, was wir wissen, ist, dass das Herz Marias bereit war. Als der Engel Gabriel ihr die frohe Botschaft brachte, zweifelte sie erst noch: „Wie soll das geschehen?", fragte sie sich. Aber von dem Moment an, in dem der Engel ihr sagte, dass für Gott nichts unmöglich sei, war sie dabei. „Mir geschehe, wie du es gesagt hast", sagte sie zu dem Engel.

Dabei strahlte Maria so viel Freude aus, dass es ansteckend wirkte. Ihr Danklied beim Besuch ihrer Kusine Elisabet ist der beste Beweis: „Meine Seele preist die Größe des Herrn, und mein Geist jubelt über Gott, meinen Retter. Denn auf die Niedrigkeit seiner Magd hat er geschaut." (Lukas 1,46–48)

Die Kirche sagt, dass Maria frei von Sünde ist. Stimmt das?

Ja. Die Kirche nennt das etwas kompliziert die „Unbefleckte Empfängnis" Mariens. Papst Pius IX. hat das im Jahr 1854 als Glaubensinhalt, als Dogma, verkündet. Wie kommt man darauf? Den Ursprung finden wir im Lukasevangelium, in dem berichtet wird, dass der Engel Gabriel Maria bei der Ankündigung der Geburt Jesu als „Begnadete" anspricht (Lukas 1,28).

Wenn wir das „Gegrüßet seist du, Maria" beten, sagen wir: „ ... voll der Gnade". Das deutet die besondere Berufung Marias an: Gott hat sie auserwählt, die Mutter Jesu zu werden. Dafür hat er ihr besondere Gnaden zuteilwerden lassen. Denn man wird nicht mal eben so die Mutter Jesu ...

Heißt das, dass Maria nie etwas falsch gemacht hat, auch als Kind nicht? Nicht unbedingt. Aber sie hat niemals in ihrem Herzen „Nein" zu Gott gesagt. Ihr ganzes Leben lang war sie sich bewusst, wie sehr Gott sie liebt. Und in allem, was sie tat und sagte, versuchte sie, diese Liebe zu erwidern. Deshalb konnte sie aus ganzem Herzen „Ja" sagen, als der Engel sie fragte, ob sie die Mutter von Gottes Sohn werden wollte. So erfüllt war sie von Gottes Freundschaft, dass sie sich ihm ganz schenken wollte. Das meint die Kirche, wenn sie sagt, dass Maria frei von Sünde ist.

Ist Maria in Lourdes wirklich erschienen?

Zunächst eine kurze Erklärung: Um die Mitte des 19. Jahrhunderts lebte in dem südfranzösischen Städtchen Lourdes eine gewisse Bernadette Soubirous. Mit vierzehn Jahren – im Jahr 1858 – erschien ihr in einer Grotte am Fluss mehrere Male Maria. Seitdem ist Lourdes einer der wichtigsten Wallfahrtsorte der Welt geworden.

Aber ist Maria dort wirklich erschienen? Nach langer und ernsthafter Prüfung denkt die Kirche: Ja. Anfangs verbot sie den Menschen, zu dieser Grotte zu gehen. Weil man aber Bernadette in keinem Punkt der Lüge überführen konnte und weil sie als Vierzehnjährige Dinge sagte, die sie nur von Gott selbst wissen konnte, kam die Kirche zu dem Urteil, dass Bernadette tatsächlich Maria gesehen hatte. Auch bei mehreren anderen Wallfahrtsorten wie Banneux in Belgien oder Fatima in Portugal ist die Kirche davon überzeugt, dass Maria dort wirklich erschienen ist.

„Aber warum tut Maria das?", fragst du dich jetzt vielleicht. Nun, auch wenn ihre Botschaft an unterschiedlichen Orten immer ein bisschen anders ist, kann man doch einen roten Faden erkennen: Immer und überall lädt Maria uns ein, mit unserem ganzen Herzen an Jesus zu glauben. Traust du dich?

Sachregister

A
Aberglaube: 16, 17
Absolution (Lossprechung): 119
Advent: 124
Altes Testament: 18
Anglikanische Kirche: 20, 21
Apostel: 52, 54
Auferstehung: 72
Aschermittwoch: 125

B
Barmherzig(keit): 96, 98, 99
Beichten: 119
Berufung: 104
Beten: 132ff.
Bibel: 18
Böses: 143, 145, 146

C
Christentum: 20, 21, 23, 66
Christi Himmelfahrt: 76, 77

D
Dreifaltigkeit: 34

E
Eucharistie: 121, 122
Evangelium: 48
Ewiges Leben: 65, 74, 85, 91, 134
Ewiges Licht: 129

F
Fastenzeit: 126, 128
Fegefeuer: 94
Firmung: 115, 116, 117
Frau(en): 55
Freund/Freundschaft: 67
Frohe Botschaft: 48

G

Geburt Jesu: 45
Glaube: 12, 13, 14, 16, 17
Gleichnis: 57
Gott: 30
Gott Vater: 34

H

Heilig(e): 135, 139
Heiliger Geist: 34
Heirat: 50, 106, 120
Himmel: 87, 88, 90, 92
Hölle: 94
Hostie: 115, 129

J

Jesus: 44ff.
Josef: 46
Judas: 62
Jude/Judentum: 47, 66, 153

K

Katholik: 20
Kirche: 102, 109, 129, 135
Kommunion: 115
Kreuzigung: 61

L

Leid: 142
Lourdes: 155

M

Maria: 152
Mörder: 98

N

Neues Testament: 18

O

Ökumene: 20
Orthodoxe Kirche: 20, 21
Osterkerze: 79

P

Petrus: 51, 54
Pfingsten: 76
Priester: 103, 106
Prophet: 145
Protestantismus: 20, 21

R
Rassismus: 27
Reichtum: 59
Reinkarnation (Wiedergeburt): 90, 99
Religion(en): 23, 24
Retter (Erlöser): 65

S
Sabbat: 121
Sakrament: 111
Salbung: 117
Schöpfung: 38
Seele: 86, 91
Sekte: 26
Sinn des Lebens: 84
Sohn Gottes: 46
Sonntag: 121
Stola: 107
Sünde(r): 96, 144, 154

T
Tabernakel: 129
Taufe: 113, 114
Teufel: 148, 149
Tod: 82, 91

U
Umkehr: 96, 146

V
Vergebung: 98

W
Wortgottesdienst: 122
Wunder(geschichten): 58

Z
Zeugen Jehovas: 25
Zölibat: 106

Bildnachweise

Klaas Verplancke
Titel und Seiten: 13, 16–17, 24, 27, 30, 33, 35, 39, 40, 45, 46, 48, 49, 51, 67, 69, 74, 77, 86, 115, 117, 121, 125, 127, 128, 133, 135, 143, 145, 148, 152–153

Florence Vandermarlière
Seiten: 10–11, 15, 19, 22, 28–29, 36–37, 42–43, 53, 56, 60, 64, 70–71, 78, 80-81, 83, 89, 93, 97, 100–101, 105, 108, 110, 112, 118, 123, 130–131, 136, 138, 140–141, 147, 150–151